MÉTHODE
D'ENSEIGNEMENT MUTUEL

SES PÉRIPÉTIES EN FRANCE — SA DÉFENSE
SA GLORIFICATION

PAR

M. MORER

ANCIEN INSTITUTEUR, PROFESSEUR EN RETRAITE,
OFFICIER DE L'INSTRUCTION PUBLIQUE,
MEMBRE DE LA SOCIÉTÉ POUR L'INSTRUCTION ÉLÉMENTAIRE
ET DE PLUSIEURS SOCIÉTÉS SAVANTES,
AUTEUR D'OUVRAGES ÉLÉMENTAIRES DES « COLLÈGES CANTONAUX »
ET DE « L'ÉCOLE ET L'ARMÉE »,
INVENTEUR D'APPAREILS PROPHYLACTIQUES
CONTRE LA TUBERCULOSE ET LA MYOPIE CONTRACTÉES A L'ÉCOLE

PERPIGNAN
IMPRIMERIE DE L'INDÉPENDANT, RUE DE LA PRÉFECTURE, 4
—
1901

MÉTHODE
D'ENSEIGNEMENT MUTUEL

SES PÉRIPÉTIES EN FRANCE — SA DÉFENSE
SA GLORIFICATION

PAR

M. MORER

ANCIEN INSTITUTEUR, PROFESSEUR EN RETRAITE,
OFFICIER DE L'INSTRUCTION PUBLIQUE,
MEMBRE DE LA SOCIÉTÉ POUR L'INSTRUCTION ÉLÉMENTAIRE
ET DE PLUSIEURS SOCIÉTÉS SAVANTES,
AUTEUR D'OUVRAGES ÉLÉMENTAIRES DES « COLLÈGES CANTONAUX »
ET DE « L'ÉCOLE ET L'ARMÉE »,
INVENTEUR D'APPAREILS PROPHYLACTIQUES
CONTRE LA TUBERCULOSE ET LA MYOPIE CONTRACTÉES A L'ÉCOLE

PERPIGNAN
IMPRIMERIE DE L'INDÉPENDANT, RUE DE LA PRÉFECTURE, 4

1901

A LA MÉMOIRE

du Grand patriote CARNOT, comme fondateur de la Société pour l'Instruction élémentaire.

—

A LA MÉMOIRE

de notre cher et vénéré maître ROUFFIA (Côme).

HOMMAGE

à la Société pour l'Instruction élémentaire.

A MON VIEIL AMI ET CONDISCIPLE

Gaudérique SAGUI,

ancien fonctionnaire du corps de l'Intendance en retraite.

A TOUS LES DIGNES ET VRAIS
INSTITUTEURS ET INSTITUTRICES

DU MÊME AUTEUR :

Organisation des Collèges cantonaux, GERMER BAILLIÈRE, Paris,
Quelques Idées sur l'Organisation de l'Armée, MORER, Perpignan.
Département des Pyrénées-Orientales (histoire et géographie), DELAGRAVE, Paris.
Calquoir pour les plus jeunes enfants (Écoles maternelles).
Calquoir-Boulier-Compteur pour les enfants de 4 à 6 ans.
Porte-Modèle des Écoles pour la bonne tenue du corps et l'atténuation de la myopie, breveté, MORER, Perpignan.
Méthode de Lecture à l'usage des Écoles et des Familles, (1re partie), Manuel et douze tableaux dont trois de récapitulation.
L'École et l'Armée (1880), nouvelle édition (1889), MORER, Perpignan. — *Indépendant des Pyrénées-Orientales*, Perpignan.
Comptabilité de ménage, MORER, Perpignan.

SOUS PRESSE :

La France sauvée (Dépopulation et repopulation de la France).

MÉTHODE D'ENSEIGNEMENT MUTUEL

PRÉFACE

GLORIA VICTIS

Faire l'historique de la méthode d'enseignement mutuel, c'est reproduire les diverses étapes de l'enseignement populaire chez tous les peuples qui ont eu souci de leur avenir et qui ont constamment réfléchi à l'amélioration du présent.

Ce n'est pas dans l'Inde, comme l'ont prétendu quelques-uns, qu'a pris naissance la méthode d'enseignement mutuel; ce n'est pas en France, ce n'est pas en Angleterre, c'est partout où l'on a vu se développer, pour le bonheur de tous, l'enseignement qui élève l'intelligence et ouvre le cœur vers les aspirations généreuses.

Il est évident que, tout d'abord, l'enseignement est individuel, c'est l'enseignement paternel ou maternel; plus tard, il devient simultané; la méthode mutuelle le couronne. Que se passe-t-il, en effet, dans une nombreuse famille où l'amour que les parents ont pour leurs enfants domine tous les amours. Le premier désiré venu reçoit les leçons du père, plus souvent de la mère; aussitôt que la famille augmente, le temps consacré aux leçons se partage naturellement, et, pendant qu'un bébé épèle les premières lettres et les premiers mots sous la direction de son aîné, la mère en exerce un autre à tracer les premiers jambages : voilà l'enseignement simultané; et lorsque, dans la chère famille, les aînés ont grandi, la mère, après leur avoir fait la leçon, les charge de la remplacer auprès de leurs jeunes *frères*; ceux-ci écoutent avec plaisir les leçons de leurs petits professeurs, ainsi improvisés, qui enseignent comme ils ont été enseignés : ils sont l'écho de leurs premiers maîtres : même système, mêmes explications. Un rapide coup d'œil de la mère lui permet de tout contrôler, de redresser une erreur, d'insister sur quelque observation, d'éclaircir quelque obscurité. Voilà l'enseignement mutuel, où se montre surtout l'unité de méthode, puisque la lumière vient du même foyer, la mère.

Transportez ces procédés dans une école nombreuse vous y verrez la plus belle organisation qui fait naître les sentiments d'une sincère fraternité et d'une égalité vraie.

On voit que partout et toujours on est amené à ces trois périodes nécessaires et naturelles : enseignement d'un seul; enseignement de plusieurs d'un âge différent, enseignement d'un grand nombre d'âges divers.

Quand on réfléchit avec quel enthousiasme le mode d'enseignement mutuel s'était répandu, dès 1815, date de la fondation de la Société pour l'Instruction élémentaire par l'illustre Carnot, et surtout en 1830, dans toute la France, on se demande quelles peuvent être les causes de la déconsidération ou plutôt de l'ostracisme qui l'a frappé. Exalté, soutenu, propagé avec ardeur par la Société pour l'Instruction élémentaire, établi dans tous les centres populeux par l'Université libérale, il devint peu à peu l'objet d'attaques plus ou moins occultes, toujours habiles, persévérantes, souvent passionnées et profitant, avec le temps, à ses ennemis et à ceux de l'Université.

Chose digne de remarque et qui prouve l'habileté de ses adversaires : ceux-ci ont eu l'adresse de faire douter ses plus sincères partisans et de ranger dans leur camp, à peu d'exceptions près, les instituteurs eux-mêmes, dont l'enseignement mutuel est pourtant le plus utile et le plus sérieux auxiliaire.

Contrariant, par son organisation d'une sage économie

autant que par ses succès, l'extension des ordres congréganistes, surtout de l'Institut des Frères de la doctrine chrétienne, la méthode mutuelle devint l'objet des prédilections de tous les esprits libéraux et, par contre, en butte à la haine des ennemis du progrès.

Pendant que des débats restés célèbres s'engageaient à la tribune législative sur la soi-disant liberté d'enseignement, pendant que les plus illustres élèves de l'École normale supérieure combattaient, à la suite des Thiers et des Villemain, pour la défense des droits de l'État et les principes de notre immortelle Révolution, les ennemis de nos libertés supputaient déjà dans l'ombre ce qu'ils acquerraient d'influence réelle dans toutes les administrations de la France, en élevant des établissements d'instruction en face de ceux de l'État. On voit aujourd'hui où nous en sommes réduits, au point que beaucoup de ses meilleurs défenseurs doutent de la victoire.

Ces éternels ennemis du progrès minaient sourdement tout ce qui soutenait cet enseignement populaire : tantôt c'était l'école d'une ville qui se fermait, tantôt celle d'un gros bourg; l'une et l'autre remplacées par une école congréganiste.

1848 survint, et, dans presque toutes les villes où les bons Frères s'étaient établis, le peuple, reconnaissant d'instinct ses véritables ennemis, les chassa de leurs classes et y rappela les maîtres laïques.

Mais bientôt la trop longue et trop funeste réaction impériale rendit aux Frères les postes qu'ils avaient occupés : il fut même question, un moment, de leur livrer tout l'enseignement primaire public.

Les instituteurs devinrent l'objet des défiances du Pouvoir, dont le regard ne se détourna plus, surtout de ceux dont la conscience condamna l'acte criminel du 2 décembre 1852 ; sur eux s'exerça constamment une surveillance incessante et tracassière.

Rien ne coûte à ces hommes qui parlent hypocritement de tolérance et de charité ; ils ne rallument plus les bûchers de l'inquisition, mais ils réduisent à la misère, au désespoir, l'instituteur qu'ils refoulent vers les petites communes, en attendant qu'une nouvelle combinaison machiavélique, digne des bons Frères, vienne leur donner le coup mortel.

On croirait à l'exagération en lisant certains écrits où l'on raconte leurs astuces et leurs fourberies, et cependant, quand on interroge la pratique de la vie, ce qui paraît un roman n'est trop souvent qu'une histoire vraie, quelquefois malheureusement dramatique (a).

Il doit être permis à un ancien élève d'une école d'enseignement mutuel, — devenu directeur à son tour, — de défendre cette si utile et si fructueuse méthode contre l'ostracisme qui l'a frappée, en France, alors que tout la désignait comme le premier des moyens essayés vainement, jusqu'ici, pour relever la moralité générale en inspirant à tous l'amour de l'ordre, de la discipline, de l'obéissance aux lois, de l'honnête et du bien.

Nous avons pris pour épigraphe de ce modeste et utile travail les mots célèbres **Gloria Victis**, *qui rappellent si bien les nobles courages et les brillants succès, suivis malheureusement de chutes immeritées et surtout impolitiques.*

C'est par reconnaissance pour les idées qu'a fait naître et développées en nous cet enseignement et par amour pour notre chère Patrie, si éprouvée, hélas! que nous sommes conduit à rappeler ce qui, dans le temps, a justement excité l'enthousiasme et a été considéré comme la base d'un état social sérieux, capable d'amener l'homme, par l'enfant, à comprendre la Liberté, *l'*Égalité, *et à pratiquer la* Fraternité.

En parlant de l'enseignement mutuel, nous ne pouvons

(a) Voir l'appendice.

oublier l'illustre, le **Grand Carnot,** fondateur, en 1815, de la Société pour l'Instruction élémentaire, *appelée à propager la méthode mutuelle, si simple, si naturelle, si utile et si nécessaire, surtout aujourd'hui. Nous rappelons aussi M. Côme Rouffia, notre regretté instituteur, qui a si fructueusement appliqué cette belle méthode. Nous nommons encore M. Saguy, peut-être l'un des plus distingués et des plus brillants élèves de l'École d'enseignement mutuel de Perpignan.*

Nous nous faisons un vrai plaisir de dire, dans l'appendice, quelques mots de ces dévoués à l'enseignement mutuel, et qui regrettent amèrement sa presque disparition.

MÉTHODE D'ENSEIGNEMENT MUTUEL

I

Nous avons toujours pensé que la méthode mutuelle était la méthode naturelle, la meilleure, nécessaire même sitôt que le nombre des élèves devenait considérable dans une école.

Nous sommes persuadé que tous ceux qui l'ont critiquée ne l'ont jamais pratiquée ou vu pratiquer comme elle doit l'être.

S'ils avaient pu voir et étudier l'école d'enseignement mutuel de P. Girard, à Fribourg (Suisse), ils auraient admiré et se seraient écriés comme Pestalozzi, le célèbre pédagogue suisse : « *Comment peut-on tirer de l'or du fumier?* », c'est-à-dire, comment avec des moyens qui paraissent si faibles, si dangereux même à certains, *surtout aux ignorants*, peut-on obtenir tant d'ordre, tant de succès, tant de moralité.

Nous allons essayer de réduire à néant toutes les objections faites contre l'emploi de la méthode mutuelle et prouver qu'elle contribue, plus qu'aucune autre, au bonheur des familles et à la marche naturelle et pacifique de l'évolution sociale.

Qu'on n'oublie pas que le gland devient chêne et que l'homme a d'abord été enfant.

II

Dans un cours de pédagogie de M. Daligault, nous trouvons indiqués les inconvénients et les avantages que présente, d'après lui et quelques auteurs qu'il cite, la méthode d'enseignement mutuel.

Commençons par les inconvénients :

1° *Insuffisance de la plupart des maîtres;*
2° *Insuffisance des moniteurs;*
3° *Impossibilité de développer l'intelligence des élèves;*
4° *Impossibilité de donner aux enfants l'éducation morale et religieuse.*

III

INSUFFISANCE DE LA PLUPART DES MAITRES

Nous comprenons parfaitement et nous avons été souvent témoin de l'insuffisance des maîtres. Mais depuis quand rejette-t-on un bon instrument parce que des ouvriers inhabiles ne savent pas s'en servir ? ce que l'on doit faire, en pareil cas, croyons-nous, c'est de rendre l'ouvrier capable de se servir de l'outil. Faites de bons maîtres, donnez-leur une instruction pédagogique pratique sérieuse, ayez dans les écoles normales une école modèle d'enseignement mutuel, à côté des écoles actuelles, faites bien comprendre aux élèves-maîtres le mécanisme de la méthode mutuelle, vous les verrez bientôt « *exercer dans la classe une vigilance continuelle,* « *acquérir une activité peu commune, une fermeté paternelle,* « *une égalité de caractère qui ne se démentira jamais* », toutes qualités que l'on exige, avec raison, de l'instituteur, à côté d'autres qui dérivent naturellement de l'amour qu'il doit avoir pour les enfants.

On dit avec vérité que les enfants sont en général ce que

les font les parents et surtout les mères ; on devrait ajouter et l'école. Il en sera de même des instituteurs. Les maîtres seront évidemment ce que les feront ceux qui sont appelés à les former. Parler de l'insuffisance des maîtres, c'est critiquer les inspecteurs qui les contrôlent et les dirigent, c'est surtout faire le procès aux écoles normales qui les élèvent et les forment.

En organisant le service des inspecteurs primaires et des directeurs d'école normale, on ne s'est pas d'abord assez préoccupé de la question pratique. Les directeurs et les inspecteurs d'autrefois possédaient, en général, des connaissances théoriques suffisantes, mais ils étaient complètement étrangers à la pratique, surtout de l'enseignement mutuel, qui demande « *un sujet d'élite* ». Aujourd'hui les directeurs et les inspecteurs sont capables, même au point de vue pratique des méthodes actuelles, mais, comme presque tous leurs prédécesseurs, ils ignorent la pratique de la méthode mutuelle.

Ce n'est pas seulement dans les livres que l'on peut acquérir une connaissance exacte de cette méthode et qu'on devient par eux capables de l'appliquer.

Nous nous rappelons qu'un ancien professeur de collège, inspecteur primaire depuis longtemps, ne pouvait comprendre comment, dans une école nombreuse, comme le mode mutuel le demande, on avait le temps de prendre les notes, après chaque exercice ; de s'assurer si les leçons étaient sues, les devoirs faits ; de corriger l'écriture, le calcul, etc. Il vint visiter notre classe. Après avoir suivi les exercices une journée entière, avoir parcouru les groupes, les tables ; après avoir interrogé plusieurs élèves, il nous avoua que tout ce qu'il avait lu sur l'enseignement mutuel ne lui avait donné aucune idée de ce qu'il venait de voir et d'entendre. Il fut surtout frappé des explications des moniteurs, aussi simples que justes, et de voir ces petits professeurs « *montrer l'assurance d'un maître exercé* ».

Dans chaque école normale se trouve une école annexe; quelle méthode y suit-on? Toujours la méthode simultanée ou la méthode à adjoints; comment voulez-vous alors que les jeunes maîtres comprennent ce qu'est la méthode mutuelle et qu'il leur vienne jamais l'idée de l'appliquer? Ils ont lu, on leur a parlé surtout des désavantages qu'elle paraît présenter, et si, par hasard, ils visitent une école d'enseignement mutuel bien dirigée, ils diront comme notre inspecteur, que ce qu'ils avaient *lu* et *entendu* sur l'enseignement mutuel ne leur avait donné aucune idée de ce qu'ils venaient de *voir* et d'*entendre*.

Cette situation s'éternisera évidemment, car nous craignons bien que les inspecteurs primaires et les directeurs d'école normale actuels, quoique bien choisis aujourd'hui, n'aient jamais pratiqué l'enseignement mutuel et qu'ils ne puissent, par conséquent, si l'on revenait à de meilleures idées, enseigner la méthode mutuelle à leurs subordonnés ou aux maîtres en fonction.

Nous en avons assez dit, croyons-nous, pour faire comprendre que l'insuffisance des maîtres dérive naturellement (en fait de méthode) de l'insuffisance de l'inspection primaire et de l'école normale. (b)

Il ne faudrait pas, croyons-nous, un grand effort pour avoir des maîtres pouvant diriger une école d'enseignement mutuel : un établissement à Paris, où l'on appellerait un des rares instituteurs que la mort a peut-être, à dessein, respectés, initierait à la pratique de la méthode mutuelle les élèves-maîtres qui lui seraient confiés et qui, envoyés dans toutes les écoles normales de France, dirigeraient, ensuite, des écoles d'enseignement mutuel annexées aux écoles normales. (c)

(b) Nous parlons toujours au point de vue de l'application de la méthode mutuelle.

(c) Mieux avisé que Napoléon Ier, à qui s'était ouvert Pestalozzi, le roi de Prusse, Guillaume, voulant régénérer son peuple, comprit que l'école seule lui donnerait ce résultat. Il manquait de maîtres pour diriger les établissements qu'il se proposait de créer. Il s'adressa à

III

INSUFFISANCE DES MONITEURS

L'insuffisance des moniteurs disparaît devant l'habileté et le bon vouloir du maître. L'instituteur qui connaît la méthode mutuelle et qui a les qualités que l'on veut, avec raison, qu'il possède, saura former, comme il convient, de sérieux collaborateurs. Le moniteur est, en effet, *la cheville ouvrière de la méthode mutuelle*. Ce qu'il doit enseigner lui a été transmis, en grande partie, par d'autres moniteurs, échos fidèles eux-mêmes de l'enseignement du maître. Il est presque capable, dès le début, de faire la classe à un groupe qu'il a depuis longtemps franchi.

L'instituteur habile surveille attentivement ses moniteurs, les guide avec intelligence, leur rappelle, dans ses entretiens pédagogiques et dans l'exercice de leurs fonctions, ce qu'ils ne doivent jamais oublier, de sorte qu'après un certain temps qu'un bon instituteur dirige une école d'enseignement mutuel, il n'a pas besoin de leçons pédagogiques quotidiennes pour maintenir ses jeunes collaborateurs au niveau des besoins de la classe : un entretien pédagogique hebdomadaire suffit.

Citons un fait, né des circonstances, qui prouve qu'un grand effort n'est pas nécessaire pour obtenir d'assez bons moniteurs. Nous copions Ambroise Rendu, auteur d'un cours de pédagogique estimé :

« Pendant le séjour de M. l'abbé Gaultier en Angleterre, Pestalozzi et lui envoya quarante jeunes gens, que le célèbre pédagogue suisse initia à sa méthode d'enseignement. La reine Louise, qui comprenait les vues larges de son époux, l'aida dans cette tâche aussi ardue que délicate. Elle alla en Suisse visiter cette intéressante et laborieuse colonie. A leur retour, ces jeunes gens, mis à la tête des écoles normales, ont donné l'essor à l'enseignement primaire et ont fait de la Prusse ce qu'elle est aujourd'hui. Et cependant ce n'était pas encore l'enseignement mutuel pur.

« les enfants des familles françaises réfugiées alors en ce
« pays, se réunissaient chez lui. Le succès de ses leçons attira
« bientôt un concours assez grand de jeunes élèves, et
« M. l'abbé Gaultier fut obligé de se faire aider par un cer-
« tain nombre de professeurs. Ces professeurs, qui voyaient
« le succès des méthodes de M. l'abbé Gaultier dans la haute
« société de Londres, pensèrent que s'ils le quittaient tout à
« coup, il se verrait obligé d'abandonner son entreprise, dont
« ils pourraient alors s'emparer aisément. Un jour, M. l'abbé
« avait annoncé une séance publique; il se trouve seul au
« milieu de ses élèves et d'un assez grand nombre de per-
« sonnes distinguées, qui étaient venues pour connaître le
« mécanisme de son ingénieuse méthode. Que faire dans un
« pareil embarras ? M. l'abbé choisit les élèves les plus avan-
« cés, en fait immédiatement de petits professeurs, les place
« à la tête de chaque classe, et commence la leçon. Tout alla
« merveilleusement, et, depuis ce moment, l'abbé Gaultier se
« fit toujours seconder par ses élèves les plus forts. »

Si M. l'abbé Gaultier a réussi en prenant spontanément pour moniteurs des élèves qui n'avaient pas été préparés pour remplir ces fonctions, que ne peut-on pas espérer de jeunes élèves à qui l'on donnera de fréquentes leçons de pédagogie ?

Dans une école d'enseignement mutuel, le plus sérieux labeur consiste dans l'organisation de la classe. Une fois la classe organisée, les moniteurs se forment insensiblement, et la tâche devient de moins en moins difficile et lourde.

Nous trouvons chez M. Daligault : « *Quelque attention qu'un*
« *maître habile ait apportée à former des élèves pour ces im-*
« *portantes fonctions — de moniteur — qui, selon la manière*
« *dont elles seront remplies, assurent le succès de l'école ou en*
« *précipitent la ruine, il arrivera souvent, surtout dans les*
« *écoles peu nombreuses, que les moniteurs manqueront d'intel-*
« *ligence et de régularité. Dans le premier cas, ils ne commu-*
« *niqueront que des notions imparfaites ou inexactes; ils s'ex-*
« *primeront en termes défectueux, grossiers peut-être; ils iront*

« jusqu'à démoraliser leurs jeunes condisciples par des MANIÈRES
« GAUCHES, BRUSQUES et REBUTANTES. Que sera-ce s'ils sont infi-
« dèles à leur mandat, s'ils s'entendent pour se livrer au dé-
« sordre, avec ceux qu'ils devraient en éloigner par leurs aver-
« tissements et leurs exemples ! »

Et chez M. Horner, cité par le même M. Daligault : « Leurs
« fonctions — de moniteurs — les exposent à certaines tenta-
« tions que n'ont pas leurs camarades. On leur offre de petits
« cadeaux pour se faire pardonner quelques infractions à la
« règle. S'ils les acceptent, indépendamment du tort moral
« qu'ils se font à eux-mêmes, il en résulte de la partialité pour
« les uns, de la tyrannie pour les autres; la dissimulation et
« le mensonge viendront cacher au maître ces injustices, et les
« fautes les plus graves se commettront dans le cercle, sans être
« déclarées et punies. (d)

« Il est évident, ajoute avec raison M. Daligault, qu'avec
« de pareils instruments, le maître se consumerait en vains
« efforts. Aussi cet inconvénient s'est-il opposé à l'adoption
« de la méthode mutuelle, dans des pays où l'instruction pri-
« maire est cependant soutenue et encouragée. »

Tout cela n'est que de la fantaisie et l'on est tout étonné
d'en trouver dans un sujet aussi sérieux.

Si l'instituteur dirigeant une école mutuelle est à la hauteur de sa mission, si, par conséquent, il a formé de bons
moniteurs, pourquoi manqueront-ils d'intelligence et de régularité *surtout dans les écoles peu nombreuses?* L'intelligence
et la régularité des moniteurs tiendraient donc au plus ou
moins grand nombre des élèves ?

Comme nous l'avons dit, beaucoup de ceux qui critiquent
l'enseignement mutuel ne l'ont jamais pratiqué ni vu pratiquer dans une bonne école.

Dans aucune autre école la discipline n'est mieux observée,
comme le fait remarquer M. Daligault lui-même; or, tout le
monde sait que la disci   âme du succès; si donc

(d) Manuel des Écoles   me

(2).

l'école mutuelle a la meilleure discipline, elle doit obtenir les succès les plus sérieux.

Si la discipline est bien faite dans les écoles mutuelles, — et il en est ainsi avec un bon maître, puisque les moniteurs surveillent les élèves, que les moniteurs généraux contrôlent les moniteurs et les élèves, que le maître a l'œil sur tout ce petit monde, sur cette société en miniature, — rien de ce que redoutent MM. Daligault et Horner ne pourra se produire.

Si certains pays n'ont pas adopté la méthode mutuelle, c'est qu'ils ne l'ont point connue. L'Angleterre a eu et a généralement encore ses moniteurs et ses moniteurs généraux jusque dans ses lycées, car la méthode lancastrienne n'est autre, à peu de chose près, que la méthode mutuelle.

La Suède, qui conserve une supériorité marquée dans l'enseignement populaire, suit le mode mutuel. (e)

La France qui, la première en Europe, a connu et appliqué le mode mutuel, l'a abandonné, surtout au moment où il a été question de livrer aux congrégations tout l'enseignement primaire. Obéissant à nous ne savons quel mobile, ou plutôt singeant l'enseignement secondaire, on décréta qu'autant de fois une école compterait cinquante ou quarante ou trente ou même vingt-cinq élèves, autant il faudrait de maîtres; oubliant que chacune de ces classes distinctes, ayant un nouveau maître, recevrait ou pourrait recevoir une impulsion nouvelle, de sorte que, malgré tous les efforts du directeur, l'enseignement de l'école manquerait de l'unité nécessaire, indispensable à tout bon enseignement. (f) Cette unité, la méthode mutuelle la présente toujours, et il n'en

---

(e) On lit dans Lavelaye (p. 285) : En Suède, dès 1824, le roi Charles Jean décréta d'introduire l'enseignement mutuel dans toutes les écoles où le local le permettrait. — Outre les connaissances théoriques, l'instituteur doit connaître *la méthode d'enseignement mutuel*.

(f) On commence, — un peu tard, il est vrai, — à s'apercevoir de ce défaut d'unité dans l'enseignement universitaire, et l'on essaie, dans certains établissements, de laisser à un même maître, l'enseignement des mêmes élèves durant la presque totalité de leurs études. (Voir aussi A. Rendu, p. 187).

peut être autrement, car le moniteur, répétons-le, n'est que l'écho du maître : il enseigne comme on lui a enseigné ; il ne mêle jamais dans ses leçons une définition, une explication qu'il ne tienne du maître ; on peut presque dire qu'il emploie les mêmes expressions dont le maître s'est servi.

Dans tous les pays, excepté en France, qui ont pratiqué la méthode mutuelle et qui ont sérieusement tenu à développer l'instruction et surtout l'éducation du peuple, on ne l'a jamais abandonnée : on a compris que la méthode mutuelle était le meilleur mode d'enseignement pour donner aux enfants des habitudes d'ordre et de discipline, des idées d'hiérarchie indispensables à toute société qui veut s'améliorer. Pourquoi n'en a-t-il pas été ainsi en France? Et cependant que de progrès n'avait pas déjà réalisés la méthode mutuelle! N'est-ce pas à l'abandon volontaire de cet agent moralisateur que nous devons, peut-être, en partie le désordre moral qui règne dans notre pays?

Encore une fois, puisque la prospérité d'une école d'enseignement mutuel dépend de la capacité surtout pratique des moniteurs, et qu'ils ne peuvent être bons que par un maître connaissant bien la méthode, faisons que nos écoles normales d'abord, nos inspecteurs ensuite, nous forment de bons instituteurs d'enseignement mutuel, « *d'une vigilance qui ne s'endorme jamais, d'une persévérance qui jamais ne se lasse* », comme le demande avec raison Fellenberg. (g)

Ce n'est donc pas la méthode qui est en défaut, c'est son application.

Nous lisons dans A. Rendu fils (h) : *Les moniteurs bien*
« *formés, tels qu'ils le sont en Angleterre, deviennent, sous*
« *certains rapports préférables à des maîtres proprement dits.*
« *Ils comprennent mieux les difficultés qui doivent arrêter*
« *les élèves; ils sont souvent plus féconds en expédients pour*
« *aplanir les obstacles : ils communiquent plus souvent avec*

(g) Cours de pédagogie, Fellenberg.
(h) A. Rendu fils, *Cours de pédagogie*, p. 187.

« ceux qu'ils dirigent ; enfin ils s'instruisent eux-mêmes en
« instruisant les autres, et se perfectionnent par tous les pro-
« grès qu'ils font faire autour d'eux. **Comme maîtres
« en second, ils valent mieux que les adultes,** en
« ce sens que, n'ayant pas de vues particulières, de systèmes à
« eux, ils se conforment plus aisément au plan et à la direction
« que leur imprime le chef de l'établissement ; ainsi leur concours
« tend à établir l'unité d'action si essentielle au succès. »

Ah ! M. Rendu, quel avocat si convaincu de la bonté de la méthode mutuelle ! Les moniteurs préférés aux maîtres adultes !

V

IMPOSSIBILITÉ DE DÉVELOPPER L'INTELLIGENCE DES ÉLÈVES

Le troisième inconvénient de la méthode mutuelle, que signale M. Daligault, « c'est *l'impossibilité de développer*
« *l'intelligence des élèves, et celui-là*, dit-il, *tient au fond*
« *même du système.* »

A l'appui de cette affirmation, nous citerons les mots suivants de M. A. Rendu : « *Quelque bien formés qu'on suppose*
« *les moniteurs, leurs attributions sont nécessairement limitées.*
« *Ils peuvent bien transmettre les notions qu'ils ont reçues,*
« *développer les idées qu'on leur a données, ajouter même*
« *peut-être quelques simples explications ; mais espérer qu'ils*
« *pourront répondre à des objections, résoudre des difficultés*
« *imprévues, c'est leur demander ce* QU'ON N'A PAS LE DROIT
« D'EXIGER, *disons plus* : C'EST LEUR DEMANDER CE QU'IL SERAIT
« DANGEREUX D'OBTENIR. *Une fois lancés dans cette carrière*
« *d'enseignement spontané, les moniteurs, avec leurs faibles*
« *connaissances et l'inexpérience de leur âge, entraîneraient*
« *les élèves d'erreur en erreur et le maître, ignorant à quelle*
« *limite s'arrêteront ces suppléants, ne pourrait plus répondre*
« *de ce qui est dit ou fait dans son école. Il faut donc,* bien

« *loin de les encourager, interdire ces développements hasar-*
« *dés. Mais que conclure de là, sinon que le système est*
« *insuffisant, dès que l'âge des écoliers ou la nature de l'ins-*
« *truction exige le raisonnement, et qu'il faut alors y renoncer*
« *sous peine d'étouffer l'intelligence.* » Que vient donc de dire
plus haut ce même M. A. Rendu? (1)

M. Daligault se garde de démontrer que la méthode mutuelle est dans l'impossibilité de développer l'intelligence des élèves; il passe prudemment la parole à son confrère.

M. Rendu rédige quelques phrases fantaisistes, qui prouvent surabondamment qu'il ignore ou oublie le fonctionnement de la méthode.

Comment M. Rendu veut-il que, dans une classe où règne *la plus exacte discipline*, les moniteurs et les élèves puissent employer leur temps à dialoguer? Qui croira que les moniteurs s'amusent à de pareils exercices lorsqu'ils ont à côté d'eux le moniteur général et le maître qui les observent, au besoin les rappellent au devoir s'ils s'en écartent. Cela pourrait arriver, surtout avec la méthode simultanée, car pendant que le maître fait la classe à une division, des surveillants ou des répétiteurs, seuls en contact avec les autres divisions, ne peuvent être suffisamment surveillés puisque le maître est déjà très occupé.

La méthode mutuelle, au contraire, en laissant au maître toute liberté d'action, lui permet de donner un libre cours aux explications qu'il croit nécessaires. S'il doit s'attarder dans un groupe, le moniteur général surveille les autres. Il répond ainsi lui-même aux objections, si des objections sont faites. Mais, nous le répétons, cela n'a pas lieu à la leçon même.

(1) Evidemment l'enseignement de l'école primaire n'est pas celui du lycée, et, en France, le moniteur de l'école ne pourrait expliquer une question de philosophie ou un théorème de géométrie transcendante. En Angleterre les lycées eux-mêmes ont suivi le système monitorial, et s'en sont bien trouvés. On ne peut pas dire la même chose en France, pour les classes avancées, puisque c'est un système plus ou moins bâtard qui a prévalu.

M. A. Rendu se charge, d'ailleurs, lui-même d'apporter un correctif sur ce qu'il a dit à ce sujet, et d'indiquer la conduite d'un instituteur habile :

« *Le maître ne pourra pas, sans doute, permettre aux enfants de lui adresser des questions qui troubleraient l'ordre de la classe, mais il devra toujours les engager à lui demander,* **à la fin des classes,** *les éclaircissements dont ils ont besoin et saisir* **dans les récréations,** *les occasions favorables pour exciter et satisfaire la curiosité des élèves.* » (j)

VI

IMPOSSIBILITÉ DE DONNER AUX ENFANTS L'ÉDUCATION MORALE ET RELIGIEUSE

Le quatrième reproche que l'on adresse à la méthode mutuelle, c'est de ne pouvoir donner aux enfants l'éducation morale et religieuse.

M. Daligault dit excellemment : « *L'instruction, fût-elle raisonnée, ne serait encore qu'une faible partie de l'éducation. En effet, élever les enfants, c'est surtout diriger leur raison naissante et en réprimer les écarts ; c'est former leur caractère et adoucir leurs mœurs ; c'est éveiller dans leur âme les nobles instincts et y développer les sentiments honnêtes. Or, personne ne croira qu'une telle mission puisse être remplie par des enfants appelés moniteurs. L'homme mûr, avec toute sa réflexion, sa prudence, son expérience et ses lumières, est à peine à la hauteur d'une tâche si délicate. La méthode mutuelle sacrifie donc l'éducation, en supprimant les rapports directs du maître avec les élèves.* » Et, citant Herner : « *La méthode mutuelle pèche par la base en ce qu'elle ne peut rien pour l'éducation morale et religieuse des enfants ; c'est là l'opinion des hommes qui ont le plus médité*

(j) A. Rendu, *Cours de Pédagogie* (page 47, note).

« sur l'enseignement et examiné avec le plus d'attention les
« effets de chaque méthode.

« Quand on visite une de nos écoles mutuelles, on est sans
« doute frappé des connaissances et de l'habileté de plusieurs
« élèves; puis il est difficile de résister à ce qu'il y a, dans une
« pareille école, d'animé et pour ainsi dire de dramatique,
« mais il n'en est pas moins vrai que l'éducation y manque, car
« il n'y a d'éducation possible que par la communication directe
« du maître et de l'élève. » (k)

MM. Daligault et Horner concluent l'un et l'autre que
« l'éducation n'est possible que par la communication directe
« du maître et de l'élève ».

Nous avons suffisamment prouvé, croyons-nous, que, dans la pratique de la méthode mutuelle, les *rapports directs* du maître et de l'élève sont *constants, continus, de tous les moments, de toutes les minutes*. Nous avons démontré qu'elle donne au maître plus de facilité pour se tenir en contact avec l'élève. La *question morale* est donc bien *mieux résolue* par la méthode mutuelle que par les méthodes simultanée ou autres.

Constamment en rapport avec l'élève, l'instituteur saisira toutes les occasions qui se présenteront, surtout à la leçon de lecture, de développer la moralité qui en découlera; il demandera souvent à l'élève ce qu'il ferait s'il se trouvait dans la même situation que les personnages du morceau qu'on vient de lire.

MM. Daligault et Horner disent que *le moniteur ne peut rien sur le moral de l'élève, de son camarade*. Nouvelle erreur. Souvent, un mot d'un condisciple, d'un ami, fait plus sur le moral de l'élève que les exhortations et les conseils du maître; et ce mot, qu'on n'en doute pas, le moniteur n'hésite jamais à le dire, et cela naïvement, naturellement, sans même penser qu'il fait acte d'éducateur.

L'instituteur qui comprend sa mission sainte ne se contente pas de donner à ses élèves les développements moraux

(k) *Pédagogie*, Daligault et Horner.

que comporte la lecture d'une leçon ; il fait à sa classe un vrai cours de morale. Nous ne pouvons oublier que nous attendions toujours, avec un nouveau plaisir, à l'école mutuelle que nous fréquentions (1830-1838), l'arrivée du samedi soir. La dernière heure de ce jour était consacrée à une leçon de morale, presque toujours anecdotique : c'était tantôt le récit d'un acte de dévouement, tantôt la lecture d'un morceau d'histoire, où notre chère patrie se montrait aussi généreuse qu'héroïque, etc., etc. Le soir, nous racontions à nos parents ce que nous avions religieusement écouté ; c'était une nouvelle leçon, qui se déroulait alors en famille et à laquelle nos parents ajoutaient de profitables réflexions. Pour les parents qui pouvaient être oublieux de leurs devoirs, c'était une leçon indirecte que le fils faisait, sans s'en douter, à son père. Aussi notre grand historien Michelet a-t-il eu raison de dire dans son beau livre *le Peuple* : « L'éducation, ce « n'est pas seulement la culture du fils par le père, mais autant « et parfois bien plus celle du père par le fils. » (l)

Nous avons été plusieurs fois témoin d'un fait qui prouve à quel point la méthode mutuelle peut moraliser : Un moniteur général s'enfermait souvent avec les élèves punis et leur expliquait le tort qu'ils se faisaient à eux-mêmes en n'étudiant pas, en se conduisant mal. Et cela il le disait sans prétention, sans même comprendre le beau rôle qu'il remplissait. Nous avons particulièrement connu ce moniteur dont nous étions devenu l'ami.

M. Horner a dit aussi que la méthode mutuelle ne peut rien pour l'éducation religieuse (m). Nous ne discuterons pas cette question dont nous n'avons jamais entendu parler, à l'école, dans notre enfance. Elle appartient tout entière aux parents et aux ministres du culte, à qui est dévolu le soin d'expliquer ce qu'ils ont mission d'enseigner. L'école doit, croyons-nous, faire naître ou développer la pensée d'un Être

(l) *Le Peuple*, Michelet.
(m) *Manuel des écoles primaires*, Horner.

suprême, créateur de toutes choses. Elle doit parler souvent aux élèves de l'amour et de la reconnaissance que l'on doit aux parents, de la vraie fraternité, de l'obéissance aux lois du pays; leur présenter de nombreux exemples de dévouement, de patriotisme, et les exhorter à en imiter les héros. Là s'arrête le rôle de l'école déjà assez grand et assez beau, le plus grand et le plus beau lorsqu'il est bien rempli.

Nous pensons n'avoir pas affaibli les reproches que l'on adresse à la méthode mutuelle; nous croyons aussi y avoir suffisamment et assez péremptoirement répondu.

On ne trouvera pas mauvais, après cela, que nous parlions un peu de ses avantages, que ses adversaires eux-mêmes lui reconnaissent.

AVANTAGES QU'OFFRE LA MÉTHODE D'ENSEIGNEMENT MUTUEL

Nous suivrons encore M. Daligault, parlant des avantages de la méthode mutuelle :

« Il est certain, dit-il, que la méthode mutuelle, bien appli-
« quée, présente des avantages d'une importance réelle :
« 1° *Facilité de classement des élèves;*
« 2° *Continuité du travail;*
« 3° *Exacte discipline.* »

VII

FACILITÉ DU CLASSEMENT DES ÉLÈVES

La méthode mutuelle offre, par ses divisions multipliées, le moyen de classer les élèves, non-seulement d'après l'ensemble de leurs connaissances, mais encore d'après leur degré d'instruction dans chaque branche d'enseignement, de telle sorte qu'un enfant qui, pour la lecture, appartiendrait au premier groupe d'une division, serait peut-être, pour le calcul, classé dans le deuxième groupe.

Tous les élèves dont chaque groupe se compose se trouvant ainsi de même force, rien n'est plus facile alors que de procéder avec ordre et gradation dans l'enseignement qu'on leur donne ; tous profitent également des leçons qu'ils reçoivent, sans que les forts soient retardés par les faibles ou que ceux-ci restent en arrière, puisqu'il n'y a rigoureusement ni forts ni faibles. Cette égalité dans l'enseignement entretient et développe au sein de chaque groupe la plus vive émulation.

Les aptitudes ne tardent pas à se montrer, elles se développent chaque jour ; la lassitude, quelquefois le dégoût, n'atteignent jamais l'enfant qui, avançant sans relâche, voit s'ouvrir à tout instant, devant lui, de nouveaux horizons. Aussi, quelle ardeur et quels progrès !

VIII

CONTINUITÉ DU TRAVAIL

Que dit M. Daligault à ce sujet : « *Le deuxième avantage
« de la méthode mutuelle, c'est de hâter, du moins au début,
« les progrès des élèves par la continuité du travail. Dans l'en-
« seignement simultané, le maître, ayant à exercer toutes les
« divisions, est obligé d'abandonner à elles-mêmes celles dont il
« ne peut plus s'occuper et de les exposer ainsi au désœuvre-
« ment. Ici le gaspillage du temps n'est pas possible : chaque
« groupe a son moniteur qui l'exerce tantôt sur une chose, tan-
« tôt sur une autre, depuis le commencement de la classe jus-
« qu'à la fin. Sans doute, les moniteurs, quelle que soit leur
« aptitude, ne sont pas toujours en mesure de donner un ensei-
« gnement raisonné ; mais les éléments dont ils sont chargés
« demandent plutôt de la pratique que du raisonnement ; ils
« peuvent donc, sur ce point, être à la hauteur de leurs fonc-
« tions. Il arrive même quelquefois* **qu'ils comprennent
« mieux que ne ferait le maître lui-même** *les diffi-
« cultés matérielles qui arrêtent les jeunes condisciples, et qu'ils
« sont plus féconds en expédients pour les aplanir.* »

C'est encore M. Rendu avec presque les mêmes expressions :
« *Remarquons, d'ailleurs, que le bon emploi du temps, dans
« la méthode mutuelle, est tout à fait indépendant du nombre
« des enfants, puisque, à mesure qu'il s'élève, il suffit de former
« un nouveau groupe et de choisir un nouveau moniteur.* « Ah !
Monsieur Daligault, nous n'avons jamais eu la pensée d'élever
si haut le moniteur ! » *Comment, ils comprennent mieux, dites-
« vous, avec M. Rendu, que ne le ferait le maître lui-même, les
« difficultés matérielles qui arrêtent leurs jeunes condisciples et
« ils sont plus féconds en expédients pour les aplanir !* »

Pour un adversaire du mode mutuel, de pareils aveux sont
plus qu'une réponse péremptoire à toutes les objections qui
ont été faites et que l'ignorance ou la passion feront encore

peut-être contre le mode mutuel. Nous partageons complètement les idées de M. Daligault sous les réserves suivantes :

1° La continuité du travail doit évidemment hâter les progrès sans cesse aussi bien plus tard qu'au début ;

2° Il n'est pas exact, comme semble le croire M. Daligault, que chaque groupe ait un moniteur particulier, toujours le même. Il y a un moniteur général pour chaque faculté, et, pour chaque groupe ou chaque table, un moniteur qui change chaque jour. Si nous prenons, par exemple, l'écriture, chaque groupe aura pour moniteur, aujourd'hui l'élève A, demain, B, après-demain, C ; et ces moniteurs A, B, C, ont reçu les mêmes principes, les mêmes instructions de surveillance et de correction, dont ils ne s'écarteront jamais, constamment surveillés qu'ils sont par le moniteur général et l'instituteur.

M. Rendu dit à son tour :

« *Ils (les moniteurs) peuvent bien transmettre les idées qu'on* « *leur a données, ajouter même quelques simples explications.* » Que peut-on vouloir de plus ? Ce serait l'idéal de l'enseignement s'il en était ainsi. Nous demandons et exigeons du moniteur qu'il *transmette les idées qu'on lui a données*, sans lui demander autre chose.

D'ailleurs, qu'on ne l'oublie pas, des objections et des réponses se font rarement dans une classe élémentaire ; s'il s'en faisait, par hasard, la méthode mutuelle permet, comme nous l'avons dit, bien mieux que toute autre, de prendre le temps suffisant pour se livrer à de pareils exercices, si c'était nécessaire.

IX

EXACTE DISCIPLINE

Le troisième avantage que M. Daligault reconnaît à la méthode mutuelle, *c'est l'exacte discipline*. Nous lui cédons encore volontiers la parole :

« *Le troisième avantage de cette méthode, toujours dans l'hy-*
« *pothèse qu'elle soit bien appliquée, c'est de faire régner au*
« *sein de l'école une exacte discipline. La continuité du travail*
« *contribue puissamment à ce résultat, en supprimant, avec*
« *l'inaction et l'ennui, les causes ordinaires des fautes des*
« *enfants; mais la continuité de la surveillance achève de*
« *l'assurer. Le maître, libre du côté de l'enseignement que les*
« *moniteurs distribuent à sa place, est, quant aux moyens de*
« *discipline, dans les meilleures conditions possibles. Soit qu'il*
« *parcoure les groupes pour en examiner de plus près le travail et*
« *la tenue, soit qu'il observe les moniteurs pour apprécier leurs*
« *procédés et les réformer au besoin, soit qu'à l'estrade il dirige*
« *la marche générale des exercices, il a toujours les yeux ouverts*
« *sur la classe, il est toujours prêt à surprendre le désordre par-*
« *tout où il voudrait se produire. Au reste, ce qui pourrait*
« *échapper à son attention particulière, il le voit par ses moni-*
« *teurs. En effet, ceux-ci ne sont pas seulement chargés de don-*
« *ner l'instruction aux élèves de leurs groupes respectifs, ils*
« *ont encore pour mission de les conduire, de maintenir parmi*
« *eux l'ordre et le silence, d'avertir ceux qui seraient tentés de*
« *violer la règle, de tenir note des infractions qu'ils ne pour-*
« *raient empêcher, enfin de signaler les coupables au maître, qui*
« *ne manquera jamais de punir les fautes, une fois constatées.*
« *C'est ainsi que, par sa propre vigilance et par le concours de*
« *ses moniteurs, le maître se trouve dans tous les groupes à la*
« *fois et y fait constamment sentir son action, au profit de*
« *l'enseignement comme de la discipline.* »

Si de ces lignes, textuellement reproduites, nous retranchons l'expression « *libre du côté de l'enseignement,* » et si, à ces mots « *il le voit par ses moniteurs,* » nous ajoutons « *et surtout par ses moniteurs généraux* », nous ne pouvons qu'applaudir à une pareille appréciation. Expliquons-nous, cependant :

Nous disons de retrancher « *libre du côté de l'enseignement* » que les moniteurs distribuent à sa place, car le bon maître ne s'en désintéresse jamais, au contraire; et en passant soit dans les groupes, soit entre les tables, ce qu'il fait pendant toute la durée de la classe, il s'assure ainsi de la bonté des corrections et de la surveillance; il corrige çà et là; en un mot, soit par lui-même ou par ses moniteurs généraux, les moniteurs sont toujours contrôlés, surveillés.

Ce que fait le maître explique également pourquoi nous ajoutons : « *et ses moniteurs généraux* ».

Puisqu'il règne dans l'école « *une exacte discipline* » comment le maître ne s'apercevrait pas « *qu'on offre aux moniteurs de petits cadeaux,.. etc.* » ?

Mais, si avec la méthode mutuelle « *la plus favorable pour la discipline* », le maître ne s'aperçoit pas de toutes ces mauvaises choses, c'est qu'il est sourd et aveugle, et il s'en apercevra bien moins avec la méthode simultanée puisque « *les sections, excepté celle qui fait la leçon, sont presque abandonnées à elles-mêmes* ».

Tout le monde accepte que la discipline est l'âme du progrès, la source de l'ordre et de l'économie; la méthode mutuelle, qui seule permet « *d'exercer une discipline exacte, la plus sérieuse que l'on puisse souhaiter* », est donc loin de pécher par la base, comme le dit M. Horner, puisqu'elle présente les meilleures conditions d'une bonne éducation : *discipline, ordre, économie.*

C'est sans doute à cause de ces mille moyens éducatifs qu'offre la méthode mutuelle que le P. Girard la choisit pour l'application de ses idées pédagogiques, toutes tournées vers l'éducation.

Voilà pourquoi l'éminent pédagogue a été constamment l'objet de la haine des Jésuites, ces ennemis de toute éducation vraie et patriotique.

« *Il n'y a donc d'éducation possible* », dirons-nous avec M. Horner, « *que par la communication directe du maître et de l'élève.* »

Mais, répéterons-nous aussi, que c'est la méthode mutuelle,

contrairement à ce que pense cet auteur, qui, après la méthode individuelle, met le plus en contact le maître et l'élève. Toujours en mouvement, — le maître, — toujours au milieu des enfants, les interrogeant, passant d'un groupe à un autre, d'une table à une autre, pouvant donner à chacun une explication, dire un mot d'encouragement ou de blâme.

X

A ces divers avantages, que nous venons d'énumérer avec M. Daligault, s'ajoute forcément, logiquement, celui qui les prime tous, d'après nous :

La méthode mutuelle fait naître et développe chez les enfants le sentiment de *l'Égalité, de la Hiérarchie, de la Légalité, de la Justice, de la Fraternité.*

La méthode mutuelle fait naître le sentiment de l'Égalité : Comment en serait-il autrement ? Deux élèves entrent à l'école le même jour : Paul, fils d'un riche négociant, et Pierre, fils d'un manouvrier; le premier possède une habileté de main peu commune, le second a une intelligence plus vive; ils ont le même âge. Ils sont placés à côté l'un de l'autre; ils prononcent ensemble les mêmes lettres, tracent en même temps les mêmes jambages; ils prennent les mêmes récréations, partagent les mêmes jeux; ils sont vite amis; mais leurs aptitudes différentes les séparent une partie de la journée. Paul franchit rapidement les principes d'écriture et de dessin; Pierre laisse Paul après lui pour tout ce qui regarde les facultés de l'intelligence; ils ne se revoient que dans les récréations. Ils courent l'un vers l'autre : l'amitié ne perd pas ses droits; elle se resserre, au contraire. Plus tard, nous les retrouvons encore ensemble : Pierre et Paul sont réciproquement moniteurs l'un de l'autre; chacun reconnaît, *sans envie,* à son condisciple, sa supériorité dans certaines facultés, que des dispositions particulières et les mêmes soins ont développées, ils n'en sont point jaloux.

Paul, moniteur de Pierre, se retrouvera avec plaisir près de son ami, il se gardera naturellement d'être hautain, arrogant envers son intelligent camarade : Il faut voir avec quelle patience, quel soin il corrige une rondeur manquée, une symétrie mal conçue. Pierre, un moment après, explique à Paul, avec non moins de patience et le même plaisir, une règle de grammaire ou la solution d'un problème.

Nos deux condisciples se verront même souvent chez eux : Paul ira sans crainte ni vergogne chez le riche négociant, il va chez son ami ; on verra Pierre, chez Paul lui demander quelque conseil ou l'inviter à jouer avec lui.

S'il y a inégalité de position, il y a presque conformité de caractère, conservant entre les deux jeunes gens la même bonté, la même amitié.

L'enseignement simultané ou à adjoints, les plus généralement suivis, aujourd'hui, séparent au contraire de bonne heure, surtout le premier, ces deux cœurs si bien faits pour se comprendre, et rien ne prouve que de cette séparation, commandée par la méthode, aidée encore par la classe de répétition, que ne peuvent suivre les enfants des familles peu aisées, ne naîtra pas cette basse jalousie qui enfante souvent la haine.

XI

La Hiérarchie n'existe pas dans l'enseignement simultané ou à adjoints : on n'y voit qu'un maître, *souverain absolu*, et des élèves, *ses sujets*, lui obéissant aveuglément. La méthode mutuelle présente seule des degrés hiérarchiques, qui rappellent les échelons de la Société : *l'élève, le moniteur, le moniteur général, le maître, le règlement.*

Pour réunir toutes ces volontés et les faire converger vers un même but, il faut *un lien, un règlement, une loi.* Ne craignez point que le maître en élude les dispositions : il est trop habile pour ne pas en surveiller l'exécution et s'y conformer lui-même. Le moniteur connaît son rôle; s'il s'en écarte, il y est ramené par le moniteur général ou par le maître; si le moniteur-général oublie un moment le sien, le maître le lui rappelle, car il a constamment l'œil sur toute la classe qui est, comme nous l'avons dit, *la Société en miniature* et surtout *la Société réglée*. L'élève devient moniteur par son application et sa bonne conduite, et le voilà élève le matin et moniteur le soir, c'est-à-dire inférieur et supérieur presque en même temps, le même jour; le moniteur général surveille l'élève et le moniteur, et au-dessus d'eux plane le maître qui contrôle l'exécution stricte du règlement, de la loi de l'école, qu'il sait être la source du succès.

C'est ainsi que la méthode mutuelle fait comprendre de bonne heure, par le fait, la hiérarchie sociale ayant à son sommet la loi. C'est une précise et sérieuse leçon de choses.

Cette compréhension naturelle et exacte de la hiérarchie sociale engendre nécessairement l'amour de la Légalité et le respect pour ceux qui la représentent.

L'amour de la légalité et le respect pour ses représentants font désirer ardemment de voir briller et rayonner partout la Justice.

La méthode mutuelle est la méthode républicaine, qui ne permet de monter un échelon que par le travail et la bonne conduite; *les autres méthodes rappellent à tout instant la monarchie: maître et sujet:* d'où les recommandations et les influences.

Le contact des élèves pendant plusieurs années, à la crèche, à l'école maternelle, à l'école primaire; surtout ces rapports d'égal à égal d'abord, d'inférieur à supérieur ensuite; ces relations continues, quotidiennes donnent naissance à des amitiés qui résistent à l'action du temps et qui sont pour la vie sociale des gages de cette confiance réciproque, de cette douce et amicale camaraderie créant facilement entre le riche et le pauvre, le bourgeois, l'ouvrier des villes et l'homme des champs, la bienfaisante et presque divine Fraternité.

Que conclure ? logiquement, que l'enseignement mutuel forme de dignes et vertueux citoyens, car il fait entrer dans les mœurs les vrais sentiments d'Égalité, de Discipline sociale, de chaude Fraternité et, ajouterons-nous, d'une Liberté raisonnable, basée sur la Confiance, la Justice et sur de longues relations de Tolérance et d'Amitié.

XII

Il ressort de l'application de la méthode mutuelle une conséquence morale et sociale à laquelle ne peut prétendre aucune autre méthode : le moniteur, ce petit maître, inappréciable quand il a été bien dressé par un instituteur habile, est un futur père de famille qui, soyez-en certain, continuera auprès de ses enfants le rôle qu'il a exercé quelques années à l'école. Malgré lui, il reprendra les habitudes du jeune âge ; il sera le préparateur et le répétiteur de ses enfants : il redeviendra moniteur. Les succès seront alors d'autant plus sérieux, que son nouveau rôle, tant semblable à celui qu'il remplissait jadis, aura cependant plus d'autorité. C'est probablement, en partie, à de pareilles circonstances que la Suède doit d'être devenue, au point de vue de l'enseignement primaire, le premier peuple de l'Europe. La rigueur du climat empêchant souvent, dans ce pays, les enfants de se rendre en classe une assez grande partie de l'année, chaque famille se transforme alors en une école familiale, où le père, jadis moniteur, fait la leçon à ses enfants. Ah ! on comprend l'insistance de la loi suédoise de 1880, qui a sagement prévu l'avenir : *la connaissance de la méthode mutuelle est obligatoire, même pour l'obtention du premier brevet.* (n)

(n) Laveleye (page 283).

XIII

Nous ne pouvons quitter le chapitre des avantages de la méthode mutuelle sans montrer ce qu'elle donnait lorsqu'elle était au milieu de ses brillants succès, et ce qu'elle donnerait encore. Comme le phénix antique, qui renaissait de ses cendres, elle-même formait ces maîtres d'élite que l'on cherche vainement aujourd'hui, de l'aveu de nos meilleurs pédagogues. Il faut, disent-ils, pour diriger une école d'enseignement mutuel, des hommes habitués à conduire une classe nombreuse. Quoi de plus naturel que de les prendre parmi les moniteurs généraux de l'école qu'ils ont fréquentée un grand nombre d'année. Ils y ont passé par les divers degrés de la hiérarchie scolaire : Moniteurs, ils n'oublieront jamais comment on les dressait; moniteurs généraux, ils ont dû faire évoluer une nombreuse classe, se formant, se reformant, passant, en rhytmant un chant moral ou patriotique, des groupes aux tables et des tables aux groupes; présentant, comme le dit presque malgré lui, M. Horner, « *un tableau des plus attrayants et des plus dramatiques* ». Voilà où vous trouverez l'instituteur d'élite qui préparera les jeunes générations à la *discipline de la vie sociale*, au *respect des lois*, à l'*amour du prochain*. Il fera naître dans le cœur des jeunes enfants les vrais sentiments de l'*Égalité sans jalousie*, de la *Liberté sans licence*, de la *Fraternité sans morgue ni dédain*.

L'école, ainsi organisée, sauvera le monde, travaillé aujourd'hui par des vices sans nom et des aspirations inavouables.

Les commissaires de l'enquête de 1862, en Angleterre, sur l'enseignement, ont témoigné en faveur du système monitorial qui, disent-ils, « a largement contribué à former et
« à entretenir un sentiment moral élevé, une
« saine opinion publique. Il a été favorable à
« l'indépendance et à la virilité de caractère,
« et à rendre possible cette combinaison d'une

« ample liberté avec l'ordre et la discipline, qui
« forme un des traits les plus précieux des écoles anglaises. » (o)

Il serait utile, nécessaire même, qu'une nouvelle enquête fût faite aujourd'hui pour bien juger si l'obéissance à la loi n'a pas subi, chez ce même peuple, un sérieux déclin depuis qu'on a voulu plus ou moins imiter la méthode usitée, il y a trop longtemps en France, et qui est loin de donner de sérieux résultats.

XIV

Lorsqu'une mauvaise action est commise et qu'on ne trouve pas le coupable, on accuse généralement celui ou ceux qui en devraient retirer le plus de profit. Il n'y aurait donc rien d'étonnant que les congrégations, connaissant les difficultés qui naîtraient d'un nombreux personnel dans une école, prévoyant les jalousies, les contrariétés, les compétitions entre adjoints, les bassesses même qui se produisent auprès des hommes influents de la localité, devenus, malheureusement aujourd'hui, presque toujours les arbitres de la situation des membres de l'enseignement primaire, que les congrégations, disons-nous, fussent habilement arrivées à faire remplacer, partout où elle était en progrès, la méthode mutuelle par la méthode à adjoints. Elles sont les plus intéressées à cette transformation, qui leur permet de lutter plus facilement contre l'enseignement laïque. L'*esprit de corps*, chez les congréganistes, est encore étayé par l'*esprit de secte*, si fortifiant et si intolérant quelquefois, qu'il pousse jusqu'au fanatisme. (p)

Tous les moyens leur sont bons pour courir sus aux écoles laïques; aussi ne pouvant prouver que le système des Frères était le plus intelligent et le plus patriotique, les partisans des congrégations s'évertuaient à faire croire qu'il est

(o) Cours de pédagogie (A. Rendu).
(p) Tout ce qui concerne les congrégations était rédigé avant que fussent votées les lois qui tendent à mettre un frein à leurs agissements.

le plus économique. Comme il n'était pas possible de fournir une preuve tant que la méthode mutuelle florissait avec sa discipline et ses succès, il fallait faire disparaître ce trop sérieux obstacle : ce fut l'œuvre de la loi Falloux et les mesures autoritaires du second Empire, venant en aide aux agissements des congrégations.

Voici les procédés généralement employés lorsqu'il s'agit d'établir une école congréganiste. Les frères n'ignorent pas qu'il faut un instituteur habile pour bien diriger une école d'enseignement mutuel. Que font-ils ? Leurs nombreuses et hautes relations leur permettent de faire appeler à la direction de l'école, sur laquelle ils ont jeté leur dévolu, un instituteur incapable ou trop âgé pour maintenir une exacte discipline et obtenir des succès. La classe périclite, les parents se plaignent d'abord à voix basse, puis à haute voix. Les partisans des frères, qui n'ont jamais cessé d'ébranler l'école laïque par leurs sourdes menées, se mettent alors ouvertement en campagne. On se garde bien d'établir un parallèle entre l'ancien et le nouveau directeur; mais on dit à tout venant : « *L'école ne présente plus de progrès, et cependant l'ins-*
« *tituteur est bon; mais que voulez-vous obtenir avec tant*
« *d'élèves ?* »

Si on leur rappelle les succès d'un précédent directeur :
« *Sans doute, répondent-ils, mais vous trouverez bien rarement*
« *des instituteurs comme celui-là; il serait nécessaire d'ad-*
« *joindre quelqu'un au directeur actuel, mais nous aurions un*
« *notable surcroît de dépenses.* »

Peu à peu, l'idée des frères est lancée : « *Ils ne coûtent pres-*
« *que pas plus qu'un laïque, et ils sont trois* »; — si ce sont des frères de la doctrine chrétienne. Cela peut être vrai avec un instituteur médiocre, mais si l'instituteur laïque a l'habileté et la fermeté nécessaires, la méthode mutuelle vaincra les trois frères et leurs agissements, — coupables bien souvent. —

C'est ainsi que les meilleurs postes tombent entre les

mains des congréganistes, qui refoulent les instituteurs laïques aux écoles de troisième et de quatrième ordre.

Les frères sont demandés, mais alors il faut penser à nouveau local. Bien souvent les finances communales ne permettent pas de construire une nouvelle école. Les frères appelés dans une commune exigent, — et en cela nous sommes de leur avis, — un local construit suivant les règles de l'hygiène. Qu'à cela ne tienne, on trouvera les fonds nécessaires, répondent leurs partisans : M. N' donnera 10.000 francs ; M. N' en offrira 5.000 ; on peut compter sur 5.000 autres de M. N", etc., et, selon les circonstances, le gouvernement couvrira le reste de la dépense.

Les frères, en gens avisés, ne se tiendront pas pour satisfaits. Convaincus que le peuple ne les considère pas comme siens, comme des amis, ils font engager la commune envers leur Institut, et, s'ils sont un jour renvoyés, ils demandent une indemnité, aussi forte que possible. Quelquefois même les locaux leur appartiennent, toujours conditionnellement, et ils cherchent à s'éterniser ainsi dans une localité qui n'aura pas les ressources nécessaires pour se débarrasser d'instituteurs qu'elle ne peut aimer.

Si quelqu'un s'avise un jour de dire que l'avenir de la commune est compromis par une éducation par trop confessionnelle, on lui demande comment il s'y prendra pour solder les revendications des frères.

Nous ne pouvons quitter cette question financière sans signaler une très sérieuse économie que l'on ferait par l'application de la méthode mutuelle dans les écoles où le nombre des élèves la réclamerait. Nous manquons des documents nécessaires pour préciser un chiffre, mais nous croyons n'être pas trop loin de la vérité en le portant à une vingtaine de millions. Telle est notre réponse à cette fameuse question d'économie. (q)

Si à ces vingt millions on ajoute dix millions au moins que

(q) Voir l'appendice.

l'on économiserait en adoptant notre système pour les écoles normales et les petites communes, on aurait ainsi un chiffre d'au moins trente millions d'économies. (r)

Un exemple frappant de l'acharnement des congrégations contre la méthode mutuelle est celui que présente l'école du P. Girard à Fribourg (Suisse) : les jésuites parvinrent à faire expulser l'éminent pédagogue : il obtenait trop de succès avec la méthode mutuelle, qu'ils ont toujours condamnée.

C'est par la méthode mutuelle que se forme et se dresse notre armée si vaillante, si généreuse et si démocratique aujourd'hui. Tous les sous-officiers sont les moniteurs et les moniteurs généraux de cette grande et nombreuse école, qui crée l'unité des mouvements, qui conserve et régularise l'ordre, la discipline, l'obéissance, qui la rendront invincible le jour des suprêmes revendications. Cette virile éducation commune, complétant l'éducation de l'école et la fortifiant, enflamme le cœur du patriote et l'enthousiasme jusqu'au sacrifice.

La méthode mutuelle est presque l'âme de la France, et l'on s'en doute si peu, hélas ! Porter atteinte à la méthode mutuelle, l'amoindrir, la supprimer, n'est-ce pas amoindrir l'énergie et la puissance de la patrie ?

L'enseignement mutuel a été presque complètement délaissé en France, et il restera longtemps, craignons-nous, à y être pratiqué de nouveau, si le Gouvernement républicain, comprenant enfin son but, se rendant compte de ses bienfaits, ne secoue violemment les idées aujourd'hui reçues et ne se laisse aller à un élan semblable à celui qui entraîna les générations de 1830.

XV

Nous croyons devoir, en terminant cet exposé, évoquer le souvenir d'entretiens que nous avons eu avec des instituteurs,

(r) *L'École et l'Armée*, p. 102 (Morer).

anciens maîtres ayant pratiqué la méthode mutuelle et professant aujourd'hui avec des adjoints.

C'était en 1873, nous étions allé à Toulouse accompagner notre plus jeune fils à l'examen du baccalauréat. Pendant que l'on composait, nous visitâmes l'école municipale de l'Espinasse, au faubourg-Saint-Cyprien.

Le directeur de l'école, M. Lartigue, croyons-nous, officier de l'instruction publique, se prêta aimablement à une causerie sur les divers modes d'enseignement : « *Je vous affirme,* « *nous dit-il, que jamais on n'obtiendra avec les adjoints, ce* « *que donnent les moniteurs. Malgré le savoir de mes collabo-* « *rateurs, tous capables et de bon vouloir, je n'obtiens pas cette* « **unité d'enseignement indispensable pour hâter** « **le succès.** *Chacun d'eux veut y mettre du sien.* **De là,** « **la confusion.** »

M. Lartigue avait dû céder aux ordres de ses supérieurs qui, peut-être, n'avaient jamais pratiqué ni vu pratiquer la méthode mutuelle.

Voici qui est plus significatif : C'était à Paris, en 1878, pendant l'exposition. Nous nous retirions avec deux instituteurs de Perpignan, M. Maniel, aujourd'hui directeur d'une école à six adjoints, et M. Caïre, alors directeur d'école à trois adjoints, actuellement inspecteur primaire. Nous rencontrâmes l'instituteur qui avait été chargé de piloter, dans la capitale, un groupe de ses collègues, dont faisaient partie MM. Maniel et Caïre, envoyés à Paris pour visiter l'exposition. On causa enseignement. Après une assez longue conversation : « *Voyez-vous,* dit l'instituteur parisien, *on a beau faire et beau* « *chercher, on n'obtiendra jamais les résultats qu'offre l'ensei-* « *gnement mutuel. Je dirigeais autrefois, seul, l'école où je* « *suis aujourd'hui avec six adjoints. Quoi que je fasse, je ne* « *puis obtenir, avec mes nombreux collaborateurs, jeunes gens* « *capables et zélés, ce que m'a donné la méthode mutuelle :* « **Unité d'enseignement, exacte discipline, ému-**

« lation constante. Vous avez tout avec ces
« petits maîtres, bien dirigés ».

Stupéfaction de nos deux amis qui, certainement, n'avaient jamais ajouté une foi bien sincère à ce que nous ne cessions de leur répéter, depuis peut-être vingt ans, toutes les fois que la conversation nous amenait sur ce sujet. MM. Maniel et Caïre ne me démentiront pas.

XVI

Voici deux modifications que nous voudrions voir s'introduire dans l'application de la méthode d'enseignement mutuel :

1° D'après le manuel de l'enseignement mutuel, les exercices durent une heure, de sorte que l'on a trois exercices le matin et trois, le soir. C'est trop pour les élèves : rester une heure debout dans les groupes, une heure assis aux tables. La récréation libre peut être et est remplacée par les mouvements rythmés des tables aux groupes et des groupes aux tables.

Dans notre classe, nous avions raccourci les exercices d'un quart d'heure chacun; nous avions ainsi, pour le même temps, quatre exercices le matin et autant le soir; nous pouvions ajouter deux nouveaux exercices par jour à ceux du programme ordinaire. Nous consacrions trois fois par semaine un exercice à l'instruction civique. C'était mieux pour l'enseignement, qui cessait d'être endormant, et pour l'hygiène qui laissait au corps plus de liberté. Nous prenions encore, en été, au milieu des exercices, un quart d'heure de récréation libre. (s)

2° Voici un adjuvant bien plus important et plus utile encore : L'instituteur peut être malade, n'avoir même qu'une légère indisposition qui l'empêche de se rendre en classe; il doit fermer momentanément l'école. Un adjoint est alors né-

(s) Ce serait, croyons-nous, préférable de réduire les exercices à 30 minutes : on pourrait alors avoir une récréation de 30 minutes qui permettrait de se livrer à de sérieux exercices de gymnastique.

cessaire. Nous le demandons. Non un adjoint comme ceux d'aujourd'hui, chargé d'un cours presque toujours en dehors du contrôle direct du directeur, mais quasi un nouveau maître, partageant avec l'instituteur tous les soins que réclame la classe, la direction même, au besoin. Cette nouvelle et heureuse disposition fournirait à l'adjoint l'occasion naturelle de se fortifier dans la pratique d'une méthode qu'il sera probablement appelé à appliquer un jour, dont il aura reçu les éléments à l'école qu'il a fréquentée, plus tard à l'école normale où il a été apprendre l'art si difficile et si délicat d'élever les enfants pour en faire des hommes.

XVII

Clôturons ce que nous avons dit sur la méthode mutuelle par les quelques lignes suivantes, de Michelet, notre grand historien :

« *Quelle est la première partie de la politique ? L'éducation. La seconde ? L'éducation. Et la troisième ? L'éducation.*

« Pour l'enfant, l'instruction durable et forte de la patrie, « conservant tout, l'École, la grande école nationale, *comme* « *cela se fera un jour*. Je parle d'une *école vraiment commune*, « où les enfants de toute classe, de toute condition, vien- « draient *un an, deux ans, s'asseoir ensemble*, avant l'éduca- « tion spéciale, et où l'on n'apprendrait *rien autre que la* « *France*.

« Nous nous hâtons de parquer nos enfants parmi des en- « fants de notre classe, bourgeoise ou populaire, à l'école, au « collège ; nous évitons tous les mélanges, nous séparons « bien vite les pauvres et les riches à cette heureuse époque « où l'enfant lui-même n'eût pas senti ces vaines distinctions. « Nous semblons avoir peur qu'ils ne connaissent au vrai « le monde où ils doivent vivre. *Nous préparons, par cet iso-* « *lement précoce, les haines d'ignorance et d'envie, cette guerre* « *intérieure dont nous souffrons plus tard.* Un peuple !

« *une patrie ! une France ! Ne devenons jamais deux nations :*
« *Sans l'unité, nous périssons.* (1)

Qu'est-ce que cette grande école nationale, cette école vraiment commune, où les enfants de toute classe, de toute condition, passeraient un ou deux ans, assis ensemble avant l'éducation spéciale ? N'est-ce point l'École d'enseignement mutuel ?

Ici prend fin notre plaidoyer en faveur d'un *retour* que nous souhaitons le plus prochain, le plus complet possible, à des procédés d'enseignement dont une longue pratique et des résultats tangibles nous ont archi-démontré l'excellence.

Nous voudrions l'espérer, — ce retour, — et nous ne l'osons vraiment pas, en considérant la grande et périlleuse indifférence avec laquelle sont aujourd'hui accueillies, dans presque tous les milieux, — fruits d'une éducation faussée dès le principe, — les jérémiades des anciens du Peuple. Ne sont-ils pas, ces vieux désillusionnés, des radoteurs, des trouble-fêtes ?

Pour nos contemporains, si peu nombreux et si clair-semés, hélas ! ces plaintes, ces lamentations, resteront-elles à l'état de lettre morte ? Nous ne le craignons pas, car ils se souviendront d'avoir été, comme nous, témoins et bénéficiaires des miracles réalisés par la méthode mutuelle, surtout de 1830 à 1848. Nul ne saurait oublier ou méconnaître les bienfaits de cette instruction initiale, dont il a senti les avantages et retiré un réel profit au cours de l'éternelle lutte pour la vie, à laquelle nous sommes tous voués, qui plus, qui moins.

Nous avons cru faire acte de juste et patriotique gratitude en dédiant un de nos derniers travaux à l'illustre Carnot, surtout comme fondateur, en 1815, de la Société pour l'instruction élémentaire ; à cette même société, à qui nous adressons un suprême appel ; au regretté M. Rouffla, notre ancien maître vénéré, l'infatigable propagateur de la méthode mutuelle ; à notre excellent ami Sagui, élève, comme nous,

(1) *Le Peuple*, p. 220 (Michelet).

de M. Rouffia, qui nous a aidé, dans le développement de notre thèse, de son expérience et de ses lointains souvenirs.

Un appendice, dans lequel nous nous faisons un bien doux plaisir de résumer les bienfaits et les utiles travaux de ces citoyens patriotes, se termine par le récit, malheureusement aussi vrai que dramatique, d'un fait que nous ne voudrions pas voir figurer, même dans l'histoire d'un gouvernement parjure et indigne; par un savant et sérieux article de M. Gustave Bonnier, membre de l'Institut, sur la méthode et l'enseignement mutuels, et par l'opinion de Pestalozzi sur l'enseignement mutuel, etc.

APPENDICE

CARNOT

CARNOT (Lazare-Nicolas-Marguerite) naquit le 13 mai 1753 à Nolay, chef-lieu de canton du département de la Côte-d'Or.

Dès son enfance, il montra un goût prononcé pour les sciences. Élève du célèbre Monge, il sortit brillamment de l'école du génie. Il salua avec amour et embrassa avec ardeur les principes de la Révolution. Il entra résolument dans la vie politique, où il se fit bientôt remarquer par son noble caractère et ses hautes capacités. Membre de la Convention et du Comité de Salut public, membre du Directoire exécutif, Carnot occupa toujours un poste important, plus ou moins périlleux.

Ses aptitudes particulières le firent vite appeler au Comité de la guerre. Son intelligente et belle direction dans les affaires militaires lui a fait donner le surnom d'*organisateur de la victoire*.

Après le 18 brumaire, il fut Ministre de la guerre et appelé au *tribunat*.

Tous ces emplois de premier ordre, toutes ces distinctions exceptionnelles ne purent jamais affaiblir sa foi républicaine : il vota, lui, deuxième *contre le Consulat à vie*; et, seul contre l'*Empire héréditaire*. Carnot se retira alors de la vie politique.

Malgré les offres brillantes de Napoléon, il ne voulut jamais rien accepter; mais, en 1814, redoutant une seconde invasion de son pays, il offrit son épée à l'Empereur, faisant taire momentanément ses chères idées républicaines pour se consacrer à la défense de sa patrie en péril.

Malgré les agitations politiques, tristes bien souvent à cette époque, Carnot publia plusieurs ouvrages remarquables, qui lui ont fait, surtout auprès des militaires, une légitime réputation. Parmi ces nombreux et savants travaux, nous nous contenterons de citer l'*Éloge de Vauban*, couronné par l'académie de Dijon, et le fameux *Traité de la défense des places fortes*, devenu classique en Europe.

Carnot était membre de l'Institut depuis sa fondation.

En 1815, il fonda à Paris la *Société pour l'instruction élémentaire*. Elle avait pour mission la propagation, en France, par la méthode mutuelle, des belles, patriotiques et prévoyantes idées de son illustre fondateur. Le grand patriote avait compris le but éminemment social de l'enseignement mutuel, dont il désira toujours le triomphe dans son pays.

Après avoir organisé, pendant la guerre, *la victoire des batailles*, pour repousser les ennemis qui envahissaient la France, l'incorruptible républicain voulut préparer pendant la paix, dans sa chère patrie, *la victoire des esprits*, pour vaincre tous les obstacles à la *démocratie*. Il était convaincu, ce grand homme, que, par la méthode mutuelle, on formerait des gens instruits, des patriotes sincères, des citoyens vertueux, des hommes, enfin, dans la belle acception de ce mot.

De tous les ministres de Napoléon, Carnot fut *le seul* proscrit, en juillet 1815. QUELLE GLOIRE POUR LUI !

Le grand et vertueux exilé quitta la France avec autant de noblesse qu'il avait mis de dévouement à la servir. Il mourut à Magdebourg (Prusse), le 2 août 1823, avec la fermeté d'un sage, estimé et respecté de tous les gens de guerre et des vrais patriotes, admiré de l'Europe entière, aimé et vénéré de la France, fière d'un tel enfant !

Toute son âme se reflète dans ces mots d'une de ses lettres :
« *O France, ô grand peuple, véritablement grand peuple, c'est sur ton sol heureux que j'eus le bonheur de naître ! Je ne puis cesser de t'appartenir qu'en cessant d'exister.* »

Les restes du grand républicain furent rendus à la France en 1889, sous la présidence de son malheureux et regretté petit-fils, Sadi Carnot, et transférés solennellement au Panthéon, temple que la Patrie reconnaissante a élevé à ses grands hommes.

SOCIÉTÉ POUR L'INSTRUCTION ÉLÉMENTAIRE

En parlant de l'illustre Lazare Carnot, nous avons dit dans quel esprit le grand patriote avait fondé la Société pour l'instruction élémentaire.

Les immortelles victoires de l'Empire, la chute inattendue

de Napoléon, avaient, en quelque sorte, bouleversé toutes les idées, confondu tous les esprits. Quel devait donc être pour le *Penseur* le but de cette société nouvelle ? Les mœurs demandaient une sérieuse réforme. Il fallait remédier à la disparition des classes sociales, que la Révolution avait vaincues et dispersées, et former, de leurs débris, un faisceau unique, fort, indestructible, contre lequel viendrait se briser celui qui tenterait de le fausser ou de le rompre.

Le pépiniériste entoure de tous ses soins les arbres exotiques qu'il veut acclimater; la greffe devient pour lui le moyen le plus actif et le plus sérieux pour donner à ces jeunes pousses un sol uniforme, une même culture, une température appropriée. L'École, voilà le sol que choisit Carnot pour la pépinière morale de la France; la méthode mutuelle, la greffe pour réunir dans une même aspiration les enfants éparpillés de toutes les classes sociales, les appeler dans « l'École commune, l'École nationale », comme dit Michelet; où ils puiseront les mêmes idées, les mêmes désirs, et d'où ils convergeront vers un même but : L'amour de la famille conduisant à l'amour de la patrie et à l'amour de l'humanité.

ROUFFIA (Côme).

M. Rouffia (Côme), était un de ces instituteurs d'élite comprenant l'importance de leur sainte mission.

Il naquit à Perpignan le 29 janvier 1790. Comme tous les enfants de son âge, il fréquenta l'école primaire, puis il entra au collège où il termina ses études.

En sortant du collège (1810), il fut nommé chef de comptabilité au magasin de vivres de Perpignan, où il resta attaché jusqu'en avril 1815, dernier jour de la brillante, mais malheureusement néfaste épopée napoléonienne.

M. Rouffia ouvrit, le 1er mai 1818, une école modèle d'enseignement mutuel. Le digne instituteur obtenait trop de succès, et vers 1824, les frères le remplacèrent, appelés par les ennemis du progrès.

Cependant en 1826, il ouvrit une nouvelle école libre d'enseignement mutuel, bientôt fréquentée par les enfants dont les parents voulaient une éducation forte et une instruction sérieuse.

En 1830, les frères furent remplacés par des laïques.

M. Rouffia fut appelé à l'école publique par institution ministérielle de 1833.

Avant la création de l'école normale de Perpignan, il fit aux instituteurs un cours de pédagogie et de méthodes.

Les ennemis de nos institutions libérales ne cessaient de travailler à la ruine de la brillante école et, en 1839, l'éminent instituteur, épuisé d'efforts, donna sa démission. Il partit pour Paris, où il ouvrit une école libre, qui s'éleva bientôt aux premiers rangs (1841-1852).

Pendant son séjour à la capitale, le noble caractère et le mérite du savant pédagogue lui avaient conquis les plus honorables sympathies et les plus flatteuses distinctions : il était vice-président de la Société des Instituteurs de Paris.

Déjà M. Rouffia avait obtenu des encouragements pécuniaires pour l'introduction du dessin linéaire dans le programme de sa classe; plusieurs mentions honorables, quatre médailles, dont trois en argent.

L'école d'enseignement mutuel de Perpignan était considérée comme une des premières de France, y compris celles de Paris.

Au milieu de ces multiples travaux, M. Rouffia rédigeait un cours d'agriculture à l'usage des institutions primaires et secondaires: L'Ampélographie du Roussillon; une Grammaire française-catalane; une Traduction de l'espagnol des guerres intestines de Grenade; un Cours de botanique; un Recueil de poésies; un Guide pour la réduction des anciens poids et mesures du département et leur concordance avec le système métrique, etc.

M. Rouffia avait représenté le département au grand Congrès agricole tenu à Paris (1846-47-48) en compagnie de l'illustre Arago et de M. Pagès, maître des requêtes; il fut aussi délégué des instituteurs des Pyrénées-Orientales, au grand Congrès des instituteurs de France, qui se réunit à Paris en 1848.

Ce qui distinguait surtout M. Rouffia, c'est qu'il était le vrai modèle de l'instituteur. Il avait compris que l'instituteur, vraiment digne de ce nom, regarde sa classe comme sa famille, s'y consacre tout entier, se préoccupe avant tout de l'avenir des enfants qui lui sont confiés, et cherche, en fortifiant leur intelligence, à développer en eux ce qui élève l'âme et grandit le cœur.

Notre premier maître vénéré est mort à Banyuls-sur-Mer (Pyrénées-Orientales), à l'âge de 84 ans, calme comme le sage, tranquille sur l'avenir : Sa conscience ne l'entretenait que du bien qu'il avait fait.

« Nous résumions à son lit de mort ses nombreux et chers
« élèves, et nous avons reçu, pour le leur transmettre, l'adieu
« suprême du vénérable vieillard, de celui qui fut notre père
« de cœur, qui ne nous donna pas la vie, mais qui nous apprit
« à la consacrer à l'honnêteté et au bien. »

M. SAGUI (Gaudérique-François-Joseph)

On est toujours heureux de parler d'un ami cher, surtout quand la vie de cet ami est un modèle d'amour filial, de droiture, de patriotisme, de tendresse conjugale et paternelle.

M. Sagui (Gaudérique-François-Joseph) est né à Perpignan le 13 novembre 1825. C'est le fils aîné d'un honnête artisan, qui a quitté ce monde aux confins de la centaine, laissant parmi nous une lignée nombreuse, ardente au travail, honorée, robuste et relativement prospère.

Engagé volontaire en 1844, sous-lieutenant en 1851, lieutenant en 1855, Sagui est fait capitaine, en Algérie, en 1858; décoré de la Légion d'honneur, en juin 1859, sur le champ de bataille de Magenta. Il revient en France, blessé, et il entre dans le corps de l'intendance, où il se fait remarquer par ses aptitudes et ses travaux. D'abord adjoint de 2ᵉ classe en 1862, il est promu à la 1ʳᵉ classe en 1864; sous-intendant de 2ᵉ classe en novembre 1869, il passe de 1ʳᵉ classe en mars 1879.

Pendant la guerrre néfaste de 1870-71, notre ami nous aida efficacement, au cours d'une mission de confiance dont nous avaient chargé les parents des mobiles du Roussillon, luttant à l'armée de l'Est pour la défense de la patrie.

Cette même année (3 octobre 1871), il reçut la rosette de la Légion d'honneur.

Nous l'avons vu plus tard, en 1885, comme contrôleur de l'armée.

Dans ces fonctions élevées, le haut commandement put apprécier à l'œuvre le contrôleur Sagui, surtout au 16ᵉ corps d'armée.

Ce qui nous a poussé à inscrire le nom et les titres du laborieux parvenu, à la dédicace de notre thèse, c'est que sur l'état de ses services militaires, campagnes, blessures, etc., etc., figurent, de 1844 à 1851, quatre citations au *Bulletin de l'armée*, pour les soins *qu'il a donnés à l'enseignement mutuel en sa qualité de moniteur général des écoles régimen-*

taires du 15e léger. Il reçut, à ce sujet, la rosette de l'Instruction publique.

M. Sagui est à la retraite depuis plusieurs années. Puisse-t-il jouir longtemps encore, entouré de tous les siens, que la mort n'est pas venue ravir à ses tendresses, de cette tranquillité d'esprit qu'il a conservée, grâce à une conduite toujours exemplaire et à une conscience restée pure au milieu des vicissitudes de la vie et malgré de grands devoirs, qu'il a constamment remplis en soldat dévoué et en patriote sincère. C'est notre vœu le plus cher.

MANŒUVRES MACHIAVÉLIQUES
DE LA CONGRÉGATION

Ce que nous allons rapporter prouve surabondamment les occultes machinations auxquelles se livrent les congrégations pour s'emparer d'un poste qu'elles convoitent.

Un instituteur (aujourd'hui bachelier ès sciences), des plus capables de son département, un instituteur d'élite, comme on en demande, avec raison, pour l'application de la méthode mutuelle, occupait un chef-lieu de canton depuis longtemps convoité par les frères. Il avait toujours refusé d'en sortir, et tels étaient sa conduite, son dévouement, le zèle qu'il déployait dans ses délicates fonctions, que, *malgré la part aussi active que sage qu'il prit aux événements de 1848, malgré son refus d'adhésion au coup d'État, malgré son attachement aux idées républicaines*, on n'osa le proscrire en 1852. Il était très malade à cette époque. Rétabli un an après, il reprit sa classe. On avait eu soin, pour remplir l'intérim, de nommer un instituteur clérical (il entra au séminaire peu de temps après). Il avait complètement désorganisé l'école. L'instituteur eut de la peine à remettre au point sa classe.

Les cléricaux, voyant la difficulté d'entamer un adversaire qui conservait la sympathie, l'estime, l'affection même de la commune, inventèrent, contre ce maître si digne, la machination la plus diabolique que l'on puisse imaginer : on l'accusa d'avoir écrit une lettre contre MM. le préfet, le juge de paix, le maire, le commissaire de police, les gendarmes. Malgré une expertise d'écriture, qui le mit hors de cause, malgré *l'aveu vingt fois réitéré de celui qui avait réellement composé et écrit la lettre incriminée, soit devant le juge d'instruction, soit publiquement au tribunal, déclarant que le maître d'école était faussement accusé, qu'il était complètement étranger à tout ce qu'on lui reprochait*, le digne instituteur, après 17 jours de prison préventive (il avait été arrêté au milieu de ses élèves et conduit en prison par deux gendarmes), fut condamné à deux mois de prison et à 100 francs d'amende.

La lecture seule des considérants du jugement prouve même l'innocence de l'instituteur et à quel degré s'est élevée l'iniquité sous le second empire. Cela se passait en 1857-58.

L'instituteur était marié, père de quatre enfants, soutien de son vieux père et d'une sœur infirme.

Ce qui prouve l'ingérance de la congrégation dans cette triste affaire, c'est que, même avant les poursuites, le directeur des frères, accompagné d'un nouveau maire clérical, visitait l'école, faisait le plan d'un nouveau local.

Six ou sept mois après le jugement, le préfet se rendait au sein du conseil municipal, où avaient été appelés les plus fort imposés de la commune. Ce magistrat appela l'attention de tous sur les besoins scolaires de la commune, sur la nécessité d'un nouveau local, ajoutant que M. M... avait fermement promis 10.000 francs pour cette construction ; que Mme B.. en avait promis 5.000, etc., s'engageant lui-même à combler la dépense si le conseil demandait des frères pour remplacer l'école laïque.

Un membre de la réunion se leva alors et répondit :

« Monsieur le Préfet, je crois être l'interprète de ceux qui m'entourent et l'écho de la commune presque entière, en vous disant que vous nous avez trop brutalement enlevé un homme que nous aimons toujours, — malgré l'inqualifiable condamnation qui l'a frappé, — à cause des qualités qui le distinguent, pour que nous vous accordions ce que vous demandez. Jamais nous n'appellerons les frères pour élever nos enfants. »

L'instituteur, le cœur brisé de se voir condamné pour le crime d'un autre, pour un acte auquel il n'avait jamais pensé et dont l'auteur se déclarait lui-même ; condamné surtout pour un fait qu'on ne lui reproche même pas dans les considérants qui le concernent (lettre calomnieuse contre un gendarme), partit pour Paris, croyant, le naïf, que plus rapproché du pouvoir, il pourrait obtenir la révision d'un procès d'une iniquité qui n'a pas d'épithète. Il est resté trois ans à la capitale, travaillant pour vivre, pour nourrir les siens restés dans leur pays natal. Il voulait signaler au pouvoir ce *dont il avait été victime*, et les agissements, dans son département, d'un préfet indigne.

Il fallait cependant payer les âmes lâches et vénales qui s'étaient vendues au pouvoir et au cléricalisme : Le procureur impérial fut nommé conseiller à la cour d'appel de Toulouse ; le substitut, qui avait soutenu l'accusation, fut nommé procureur impérial, puis vice-président de tribunal ; le juge, qui avait le plus contribué à la condamnation, président de tribunal, ainsi que le juge d'instruction. Le commissaire de police même reçut de l'avancement.

Le préfet fut appelé, environ deux ans après cette inique et misérable affaire, dans le département de Seine-et-Marne. Là aussi, il se distingua par son indignité. Pouvait-il mentir à ses mauvais instincts, ce fonctionnaire négligent et brutal, ne pensant qu'à ses plaisirs? La lettre suivante, de M. le duc de Doudeauville à l'Empereur, sur le préfet de Seine-et-Marne (le baron de Lassus Saint-Geniès), le constate énergiquement :

« 6 décembre 1862.

« Sire,

« Jamais une pensée personnelle n'a dirigé mes actions ni
« mes paroles; mais il m'est impossible de ne pas gémir de voir
« un département aussi mal administré que celui de Seine-et-
« Marne.

« Le préfet, habituellement à ses plaisirs ou à Paris, néglige
« toutes les affaires. Il a contre lui son conseil général, toutes
« les autorités locales et même ses bureaux.

« Il se refuse à intenter un procès à M. Péreire, qui s'est
« emparé d'un petit terrain appartenant aux communes.

« Votre génération est trop laide, disait-il à une commune
« dont les recrues ne lui plaisaient pas. « Je vous enverrai un
« régiment de cuirassiers pour améliorer votre race. » Cette
« plaisanterie de mauvais goût a révolté les habitants.

« Une autre fois, sa fille et sa femme étaient au bain. Un
« côté est réservé aux dames. Le préfet se présente. *On ne
« peut aller plus loin,* lui dit l'employé. « Cette défense n'est
« pas pour moi », répond le préfet, et il passe outre, ce qui
« cause un grand scandale.

« On ne finirait pas si l'on voulait tout dire.

« Dans l'affaire de l'instituteur de Tournon, j'ai cent fois
« raison; j'en donne ma parole, et la vérité se fait chaque
« jour; mais, au fond, que me fait à moi cette affaire?

« Le dernier inspecteur a soutenu mon opinion. On le rem-
« place, et le Ministre, mal renseigné, n'a même pas envoyé un
« employé supérieur de son ministère pour lui rendre compte.

« Voilà comme se rend la justice! Le préfet ayant trouvé le
« moyen de se faire l'intime de M. de Jaucourt, je savais bien
« d'avance qu'il l'emporterait sur celui qui, hors de toute in-
« trigue, fait le bien pour le bien.

« Au nom de vos intérêts, Sire, comme aussi de ceux du
« pays, veuillez faire envoyer dans Seine-et-Marne, un bon
« administrateur, actif, vigilant et surtout résidant.

(4*)

« Il n'y a qu'un cri contre l'autorité supérieure, et l'on accuse, avec raison, le gouvernement de négligence.
« Je suis, Sire, de Votre Majesté, le très humble serviteur.
« LA ROCHEFOUCAUD, DUC DE DOUDEAUVILLE,
« Château d'Armainvilliers, près Tournon
« (Seine-et-Marne). »

Voilà la valeur d'un préfet de l'Empire; voilà les hommes qui gouvernaient la France à cette époque et qui la remplissaient de jouisseurs, de fonctionnaires, souvent indignes, ne pensant qu'aux plaisirs, aux moyens de s'enrichir, capables de tout pour conserver l'appui d'hommes tarés comme eux et pétris de la même boue. (u)

(u) Nous parlons toujours en général : Nous croyons que même sous l'Empire, beaucoup d'honnêtes gens ont été forcés, pour mille raisons, de subir ce régime néfaste, sans en partager les idées et les tendances.

L'ENSEIGNEMENT MUTUEL
ET L'ÉCOLE D'AUJOURD'HUI

Par M. Gaston Bonnier, Membre de l'Institut.

« L'enseignement mutuel », voilà deux mots qui font bondir
« un grand nombre de pédagogues actuels.

« Qu'est-ce donc que l'enseignement mutuel ? C'est d'abord le
« frère s'occupant des leçons de ses jeunes frères, c'est la sœur
« aînée corrigeant les devoirs des enfants de la maison, c'est
« la mère surveillant la marche des études chez elle, avant
« que les petits soient au collège ou aux cours.

« Sous cette forme de répétitions ou de préparation première,
« l'enseignement mutuel n'inquiète jamais les autorités uni-
« versitaires. Mais que peut bien être cet enseignement à l'école
« primaire et dans quelle mesure peut-on l'appliquer aujour-
« d'hui à l'école moderne ? C'est là le point important que je
« voudrais examiner en quelques lignes.

« Il ne s'agit pas, bien entendu, de rétablir ce qu'on appelait
« l'enseignement mutuel sous la Restauration. A cette époque,
« c'était purement dans un but d'économie qu'on avait établi
« un mécanisme par lequel les enfants devaient s'instruire les
« uns les autres, le maître n'ayant simplement qu'à exercer un
« contrôle général qui, sans adjoints, lui permettait de diriger
« à lui tout seul plus de cinq cents élèves. Cet enseignement
« mutuel, tel qu'il sévissait alors avec tous ses excès, c'était la
« suppression de la parole du maître, l'autorité tyrannique
« donnée à certains élèves sur leurs camarades, l'absence de
« tout contrôle direct, l'impossibilité d'introduire la moindre
« expérience ou *leçon de choses*, comme on dit maintenant. Je
« le répète, personne ne songe à revenir à un pareil système
« d'engrenage qui présente, sans conteste, beaucoup plus d'in-
« convénients que d'avantages. (v)

« Mais ces avantages existent cependant, et s'il y avait
« moyen de les conserver tout en se débarrassant de ce qu'il y
« a d'absolu ou de défectueux dans ce système, ne rendrait-on
« pas grand service à beaucoup de nos écoles ?

« *On ne sait bien que ce que l'on a enseigné*, dit un pro-

(v) Nous croyons avoir remédié aux désavantages de la méthode et en avoir augmenté les avantages. Il y a évidemment exagération dans langage.

« verbe américain. La leçon apprise avec l'idée de l'apprendre
« ensuite à d'autres a toujours été étudiée avec plus d'attention,
« et lorsqu'on l'a répétée, souvent même sous une forme nou-
« velle, elle s'incruste à jamais dans la mémoire. (x)

« Nous éprouvons nous-même cette impression, nous qui
« n'allons plus à l'école; si l'on nous raconte une anecdote in-
« téressante, nous l'écoutons avec attention parce que nous
« avons l'idée inconsciente que nous la raconterons à notre
« tour, et même si nous la reproduisons souvent, nous finirons
« par croire que nous l'avons inventée.

« Un célèbre mathématicien apporta un jour à un de ses
« amis un trait d'esprit inédit; l'autre le laissa aller jusqu'au
« bout, puis s'écria : « Mais, animal, c'est moi qui te l'ai ra-
« conté, il y a un mois, et même, ajouta-t-il, je te l'avais dit
« beaucoup mieux ! »

« Ce n'est pas la peine d'envoyer mon fils à l'école, me
« disait, il y a peu de temps, un paysan d'un village de Nor-
« mandie, *il n'y apprend plus rien*; le maître, au lieu de
« faire son métier, le fait faire par mon fils. Je ne veux pas
« que mon fils soit instituteur, je veux qu'il soit menuisier. »

« *Quelle erreur que celle de ce brave homme qui veut re-*
« *tirer son fils de l'école au moment où il va apprendre le*
« *plus, au moment où vont se condenser, d'une manière*
« *définitive, dans son esprit, toutes les connaissances qu'il*
« *y a acquises ! Et quand son fils sera menuisier, il aura*
« *oublié les notions d'arithmétique et de géométrie qui lui*
« *rendraient de si grands services dans son métier. Si son*
« *père l'avait laissé encore quelque temps à l'école, occupé*
« *à instruire ses camarades, avec quelle plus grande faci-*
« *lité il instruirait ses apprentis !*

« Un autre avantage de l'enseignement mutuel est encore
« plus évident lorsqu'il s'agit d'une école à un seul maître, ou
« même d'une école où les élèves sont trop nombreux pour le
« personnel enseignant. Mais, me direz-vous, il n'y a pas
« beaucoup d'écoles à un seul maître. Il y en a plus de qua-
« rante-trois mille, sans compter l'enseignement libre. Quant
« aux écoles à élèves trop nombreux, il suffit d'aller dans
« n'importe quelle école d'une grande ville pour s'apercevoir
« qu'elles sont presque toutes ainsi. Et alors, si l'on veut pros-

(x) Nous formions nos moniteurs en leur donnant des leçons de pédagogie, soit après la classe, soit pendant les exercices : un mot suffisait alors.

« crire absolument tout enseignement mutuel de l'école à un
« seul maître, qu'arrivera-t-il ?

« L'instituteur a, en général, six catégories d'élèves de force
« différente ; les leçons ne peuvent s'adresser qu'à un sixième
« des élèves, sous peine d'être trop élevées pour les uns et trop
« élémentaires pour les autres. Chaque élève, à l'école, ne rece-
« vra donc d'instruction orale ou de direction effective que
« pendant un sixième du temps où il s'y trouve. C'est de toute
« impossibilité. Les mêmes inconvénients, un peu atténués, se
« reproduisent dans les écoles à plusieurs maîtres, à élèves
« trop nombreux.

« Mais si le maître se sert de moniteurs dans la mesure qu'il
« convient, si la mère de famille, qui a un peu oublié ses
« études, veut diriger elle-même ses enfants dans leurs pre-
« miers travaux, comment, pour le moniteur ou pour la mère
« de famille, se fera le contrôle des leçons, des exercices ou
« des devoirs ? Le moniteur va-t-il déranger le maître, à tout
« instant, pour être sûr qu'il ne se trompe pas ? La mère de
« famille va-t-elle consulter une institutrice dans le même but ?
« Il est clair qu'on se heurte à une grande difficulté pour
« adopter, ne fût-ce qu'en partie, ce mode d'enseignement sans
« maître, qui offrirait de si grands avantages.

« Et cependant, ne pourrait-on pas imaginer des livres d'en-
« seignement primaire auxquels correspondraient, phrase par
« phrase, exercice par exercice, les réponses, les solutions dé-
« taillées et tous les développements que comportent les leçons ?
....

« Gaston BONNIER,
« *Membre de l'Institut.* »

Nous n'avons pas à nous occuper des livres dont parle
M. Bonnier ; ils ont déjà paru. C'est M. Seignette, l'un de nos
bons professeurs, qui en est l'auteur. Ils seront évidemment
d'un grand secours pour les maîtres et les parents, en leur of-
frant ainsi la réponse aux mille questions que s'est posé l'auteur de cette espèce d'encyclopédie.

Sans partager complètement les idées de M. G. Bonnier,
nous sommes, au fond, de son avis. Quelques légères modifications sur l'emploi du temps et dans les programmes de nos
anciennes écoles d'enseignement mutuel satisferaient pleine-
ment les pédagogues, qui n'ont pas oublié le bien qu'a produit la
méthode mutuelle, et les penseurs sérieux qui regardent l'avenir.

OPINION DU CÉLÈBRE PESTALOZZI
SUR L'ENSEIGNEMENT MUTUEL

Après avoir laissé parler l'académicien Bonnier sur l'enseignement mutuel, n'oublions pas quelques mots de Pestalozzi, le célèbre pédagogue suisse, sur l'enseignement des enfants par les enfants.

De son temps, les succès de l'enseignement mutuel faisaient grand bruit en Angleterre et en France. Il y fait une courte allusion en expliquant que chez lui aussi les élèves les plus avancés instruisent leurs camarades plus jeunes :

« Notre méthode d'enseignement élémentaire fournit la
« preuve que des élèves *convenablement préparés* peuvent
« déjà, comme enfants, enseigner avec succès à d'autres en-
« fants ce qu'ils ont appris eux-mêmes, et qu'ils pourront, par
« conséquent, l'enseigner bien mieux encore lorsqu'ils seront
« devenus pères et mères.

« Nous croyons aussi, sous ce rapport, pouvoir fournir un
« utile concours aux hommes généreux, qui, désirant répandre
« universellement les premiers et les plus indispensables
« moyens d'instruction populaire, s'efforcent de donner une
« âme et une vie intérieure à l'enseignement mutuel. »

Comme la municipalité d'Iverdun (Suisse) voyait d'un mauvais œil le mélange des enfants riches et des enfants pauvres, ainsi que la réunion des enfants des deux sexes dans le même établissement (y), Pestalozzi écrit : « Le mélange d'en-
« fants de condition différente, loin de produire aucun effet
« fâcheux, exerce une heureuse influence sur les uns et les
« autres : les élèves de l'école dite des pauvres ne montrent
« aucune jalousie à l'égard de leurs camarades plus fortunés
« de l'Institut proprement dit, et ceux-ci leur témoignent une
« franche et cordiale amitié. La possibilité de les réunir
« tous dans une même maison d'éducation et d'y faire
« régner un véritable esprit de famille est désormais
« démontrée. »

(y) Lettre de la municipalité d'Iverdun à Pestalozzi (23 juillet 1819).

En revoyant des notes prises au courant de nos lectures, nous avons relu quelques lignes extraites de l'*Histoire d'un Sous-Maître*, d'Erckman-Chatrian. Nous les reproduisons utilement comme présentant toujours un caractère de haute prévoyance et de grandeur nationale :

« Nous avons, dans chaque *chef-lieu de canton, un juge de
« paix, un pharmacien, un, deux et même jusqu'à trois
« médecins.* Pourquoi ne demanderait-on pas au *juge de paix*
« de faire un cours de *droit pratique;* au *pharmacien,* un
« cours de *botanique* et de *chimie;* au *médecin,* un cours
« d'*hygiène* et de *médecine élémentaire ?* Ils ne refuseraient
« pas, j'en suis sûr, et se contenteraient de peu de chose pour
« leur peine. »

— Nous sommes convaincu, nous, qui connaissons leur *patriotisme,* qu'il ne demanderaient *rien.*

« Ces écoles deviendraient ainsi de *petites facultés rurales,*
« où les paysans riches enverraient leurs enfants, et les com-
« munes, leurs meilleurs élèves, ceux qui se seraient le plus
« distingués par leur application et leur intelligence. Elles
« produiraient *le plus grand bien;* au bout de quelques an-
« nées, nous aurions *les paysans les plus instruits de l'Eu-*
« *rope.* »

Nous sommes heureux que cette idée, bien simple d'ailleurs, d'appeler toutes les intelligences du canton à coopérer avec l'École à l'instruction et à la moralisation de tous, idée que nous avons mise au jour, dès 1856, dans un mémoire au gouvernement d'alors; en 1872, dans nos *Collèges cantonaux;* en 1880 et 1889, dans *l'École et l'Armée,* ne se soit pas perdue au milieu des préoccupations routinières et infécondes de pédagogues, théoriciens seulement, se contentant, — et pour cause, — de toucher au mauvais qui existe pour le rendre souvent plus mauvais encore.

La pratique a sanctionné nos idées dans certaines parties de l'Italie; le roman s'en est emparé en France. Nos Ministres de l'instruction publique seraient-ils seuls à les ignorer? On ne peut arguer ici de dépenses à faire puisqu'on n'en demande aucune. Il y aurait même une sensible économie sur le budget actuel de l'instruction publique. Un peu de bon vouloir, un peu de prévoyant et réel patriotisme, et l'**École** nous donnera ce que nous désirons tous : *la* **sécurité,** *la* **paix,** *la* **fraternité** *et le* **bonheur.**

CALCUL DES DÉPENSES DES ÉCOLES AU MODE ACTUEL

Nous supposerons qu'il y aurait en France au moins 4.000 écoles où devrait être organisé l'enseignement mutuel.

Nous aurions : Directeur............ 2.400f »
Adjoint............... 1.000 »
Total............ 3.400f »

Les 4.000 écoles donneraient 4.000 × 3.400 = 13.600.000f »
Les 4.000 écoles de filles donneraient également................................ 13.600.000 »
Total....................... 27.200.000f »

Que demanderaient ces 4.000 écoles avec le système actuel et 3 adjoints, en moyenne ?

Directeur................. 2.400f »
1er adjoint................ 1.000 »
2e   —   .... 1.200 »
3e   —   .... 1.400 »
Total.......... 6.000f »

Les 4.000 écoles exigeraient une dépense de 6.000 × 4.000.................... 24.000.000f »
Les 4.000 écoles de filles exigeraient également......................... 24.000.000 »
Total.................. 48.000.000f »

L'économie réelle serait :
48.000.000 — 27.200.000, soit.... 20.800.000f »
Pour les écoles normales, l'économie serait de........................ 6.000.000 »
Pour les écoles mixtes, de........ 4.000.000 »
Total................ 30.800.000f »

Pour les écoles normales et les écoles mixtes, il faudrait adopter aussi mon système d'enseignement développé dans l'*École* et l'*Armée* (nouvelle édition).

Documents manquants (pages, cahiers...)
NF Z 43-120-13

www.ingramcontent.com/pod-product-compliance
Lightning Source LLC
LaVergne TN
LVHW021735080426
835510LV00010B/1273